A. BERTHAUD
DOCTEUR ÈS LETTRES

※

DE BIARRITZ A PRÉFAILLES

UNE PAGE

DE

PSYCHOLOGIE RELIGIEUSE

CONTEMPORAINE

Deuxième Édition

※

POITIERS

SOCIÉTÉ FRANÇAISE D'IMPRIMERIE ET DE LIBRAIRIE

ANCIENNE LIBRAIRIE LECÈNE, OUDIN ET Cᵢᵉ

6 et 8, rue Henri-Oudin

1911

UNE

PAGE DE PSYCHOLOGIE RELIGIEUSE

CONTEMPORAINE

A. BERTHAUD

DOCTEUR ÈS LETTRES.

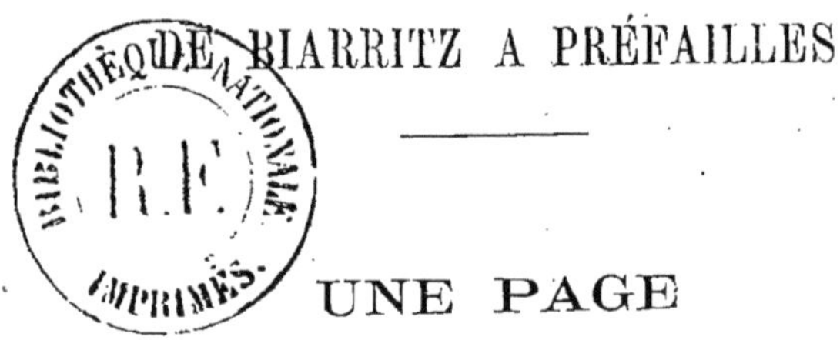

DE BIARRITZ A PRÉFAILLES

UNE PAGE

DE

PSYCHOLOGIE RELIGIEUSE

CONTEMPORAINE

POITIERS

SOCIÉTÉ FRANÇAISE D'IMPRIMERIE ET DE LIBRAIRIE

ANCIENNE LIBRAIRIE LECÈNE, OUDIN ET Cie

6 et 8, rue Henri-Oudin

1911

UNE
PAGE DE PSYCHOLOGIE RELIGIEUSE
CONTEMPORAINE

De Biarritz à Préfailles n'est pas un itinéraire topographique, mais plutôt un *itinéraire psychologique*.

Ici, *de Biarritz à Préfailles*, indique simplement que ces pages commencées à Biarritz, en face du golfe de Gascogne, ont été signées à Préfailles, sur les côtes bretonnes de l'Atlantique.

Le bon La Fontaine a dit quelque part :

...que faire en un gîte, à moins que l'on ne songe ?

Or, il y a deux ans, sur les bords du golfe de Gascogne, où je goûtais quelques jours de repos, en face de la mer immense et de ses horizons infinis, je disais à mon tour : Que faire ici, à moins que l'on ne songe ?

Et donc, je songeais: Au bruit de la grande voix de l'Océan, dont l'éternel mugissement m'enveloppait de toute part, je pensais à une autre voix qu'il me semblait entendre derrière moi, à la voix bruyante et tumultueuse du Continent. Voix de l'humanité, tantôt joyeuse et caressante, tantôt plaintive et douloureuse, tantôt grondante et menaçante. Là-bas, me disais-je, sur la terre de France, des hommes d'une même race, des enfants d'une même Patrie, non seulement sur le terrain politique, mais encore, et surtout, sur le terrain religieux, sont séparés par des abîmes.

Pourquoi faut-il que les hommes, qui trouvent déjà en eux-mêmes, et autour d'eux, dans les forces nuisibles de la nature et dans leur propre cœur, tant de causes de souffrances, travaillent encore de leurs propres mains à les augmenter ? Au lieu de fraterniser entre eux et d'adoucir ainsi leurs communes souffrances, pourquoi semblent-ils prendre plaisir à s'entre-déchirer ? Qu'est devenue la Fraternité recommandée par le Christ et son Évangile ? Et la parole d'amour : « Aimez-vous les uns les autres », si nécessaire dans l'ardente mêlée des intérêts, qu'en a-t-on fait ? Et je me demandais si la mentalité française, dans son ensemble, était encore catholique et même chrétienne, si même, en fait de religion révélée, elle n'était pas plutôt sceptique.

Sous ce rapport, les catholiques ne se font-ils pas trop souvent illusion ? Sous d'autres rapports, ne se laissent-ils pas aller quelquefois à trop de pessimisme ? D'où viennent les contradictions que nous remarquons trop souvent entre les apparences et la réalité ? Ainsi, pourquoi tant de Français, en apparence catholiques, au moment des élections, votent-ils comme un seul homme pour des candidats sans religion, et même pour des ennemis de leur religion ? Pourquoi, dans un pays soi-disant catholique, les couvents ont-ils pu être fermés, les congrégations religieuses expulsées du sol français, l'Église de France dépouillée de ses biens, la liberté de l'enseignement chrétien aux trois quarts supprimée, sans qu'il y ait eu en France, contre toutes ces mesures de persécution, autre chose que des gémissements, des protestations isolées, et, sur quelques points seulement, une légitime et courageuse résistance ?

Comment expliquer ces apparentes contradictions, qui ont été pour beaucoup de catholiques un sujet de douloureux étonnement ?

Enfin, que faut-il augurer, pour l'avenir, de ce duel gigantesque qui se livre aujourd'hui sur notre terre de France, entre le catholicisme et le rationalisme, et qui s'étendra plus ou moins rapidement chez les autres nations demeurées encore catholiques ?

En résumé : quelle est aujourd'hui, principalement en religion, la mentalité de la France ? Quelles sont les causes principales de cette mentalité ? Peut-on y remédier ? Crainte, ou espérance ? Autant d'importantes questions, auxquelles se propose de répondre cette modeste brochure.

Pour répondre à ces différentes questions, je suivrai autant que possible la méthode scientifique, autrement dit, la méthode expérimentale, c'est-à-dire que mes réflexions seront tirées de l'observation des faits, à la lumière de la psychologie individuelle et de la psychologie nationale. — Autant dire que je prendrai pour guide, non pas le sentiment, mais la *raison* appuyée sur l'*expérience*.

Avant tout, il importe de mettre de côté toute espèce de parti pris. Je n'en ai aucun. C'est avec la plus grande impartialité que j'interrogerai les événements, uniquement guidé par le souci de la vérité, ne perdant jamais de vue ce principe fondamental : que tout historien vraiment digne de ce nom doit avoir, avec le *respect* de la vérité, le *courage* de la dire.

Si nous voulons, à un moment donné de l'histoire d'un peuple, apprécier scientifiquement sa *mentalité*, nous devons connaître d'abord les éléments complexes et délicats, qui constituent la personnalité humaine ou l'organisme de la mentalité individuelle. Cette connaissance est indispensable pour connaître l'organisme d'un peuple, et, par conséquent, pour résoudre les problèmes de sa mentalité. C'est le fil d'Ariane destiné à nous guider à travers le dédale de son histoire. Malheureusement ce fil n'est pas connu de tous ; et parmi ceux qui le connaissent, les uns ne savent pas s'en servir, d'autres n'ont pas la patience de le suivre jusqu'au bout.

Ainsi on se figure souvent que l'âme humaine, au contact des phénomènes de la nature ou des événements de la vie, est une sorte d'appareil enregistreur, indifférent à recevoir n'importe quel caractère. S'il en est ainsi de l'âme de l'enfant, vierge encore de toute impression venue du dehors, à l'heure où, pour la première fois, elle entre en contact avec la nature extérieure, il n'en saurait être ainsi de l'âme de l'adulte, ni à plus forte raison de l'homme mûr, et surtout du vieillard.

*
* *

La mentalité humaine en général.

Pour nous en convaincre, analysons rapidement dans ses grandes lignes la *personnalité humaine*. Rien de plus complexe que la personnalité humaine.

Ainsi, vous avez d'abord un principe de vie ou d'activité synthétique, c'est-à-dire un principe de vie qui ramène à l'unité de direction ses différents modes d'activité. Ce principe est appelé communément l'*âme*. D'ailleurs peu importe le nom. Mais, ce qu'il faut bien remarquer ici, c'est que cette âme n'est pas quelque chose de fixe, d'immuable, non, car, au contraire, c'est une force dont la nature est mobile, non pas sans doute dans son essence qui ne change pas, mais dans son activité, dans ses phénomènes.

Or cette âme, qui se manifeste à nous sous une enveloppe corporelle, est *spécifiquement* la même chez tous les hommes, c'est-à-dire que tous les hommes possèdent les propriétés ou les modes d'activité essentiels à l'âme humaine : l'instinct et la sensibilité, l'intelligence et l'imagination, la mémoire, la raison et la volonté. Sans doute ces propriétés ou ces modes d'activité ne sont pas identiques chez tous les hommes, c'est-à-dire n'y sont pas au même degré de perfection ou d'imperfection, mais ils existent chez tous les hommes.

*
* *

La mentalité individuelle.

Ce fonds *commun* de la mentalité humaine est déjà passablement complexe ; et cependant cette complexité n'est rien en comparaison de la complexité de la mentalité *individuelle*. En effet, si nous examinons les différentes formes de l'activité humaine, nous constatons qu'elles varient à l'infini, suivant les individus et les circonstances.

Ainsi chaque individu apporte d'abord en naissant, outre les instincts généraux de l'humanité, des tendances instinctives particulières, fruits de l'atavisme, et qui varieront comme les individus. Ensuite les principales formes de l'activité humaine : sensibilité, intelligence, raison, volonté, se développeront suivant des directions différentes, variant avec les circonstances les plus diverses, et donneront naissance à des phénomènes infiniment variés : sensations, images et passions, souvenirs et sentiments, pensées et volitions. A leur tour, ces phénomènes, comme autant de forces différentes, se réuniront pour former les combinaisons les plus diverses, *des associations*, qui se multiplieront à l'infini autour du principe fondamental d'activité : *l'âme humaine.*

Est-ce tout ? pas encore. En effet, jusqu'ici, je n'ai parlé pour ainsi dire que de la vie *consciente*, c'est-à-dire de la vie dont nous avons conscience. Mais sous cette vie consciente, il y a une vie *inconsciente,* qui lui sert pour ainsi dire de fondement ou de laboratoire obscur. Sous les phénomènes psychologiques perçus par la conscience, il y a, dans les profondeurs de l'âme humaine, quantité de phénomènes *subconscients,* c'est-à-dire de phénomènes obscurs, trop faibles pour être remarqués au passage par la conscience, ou pour laisser dans la mémoire des traces perceptibles. Or, ces phénomènes jouent dans notre vie intellectuelle ou morale un rôle très important.

« C'est souvent, dit Leibniz, dans ces phénomènes insensibles, que se trouve la raison de ce qui se manifeste en nous, de même que la cause des grands phénomènes de la nature réside souvent dans les mouvements insensibles de la matière. »

C'est d'ailleurs une des manifestations de cette grande loi universelle, en vertu de laquelle les grands phénomènes de la nature naissent de petits phénomènes insensibles. Ainsi, les troubles atmos-phériques, les ouragans, sont le produit de vibrations aériennes innombrables et imperceptibles ; les tempêtes de l'Océan sont le résultat des mouvements de molécules infinitésimales.

De même chez l'homme, souvent les orages, en apparence les plus instantanés, les passions les plus violentes, sont déchaînés par l'accumulation, dans les profondeurs de l'âme, de phénomènes parfois inconscients ; souvent les résolutions les plus graves, les déterminations les plus importantes, ont été préparées dans ce laboratoire obscur, mais toujours en activité.

Dès lors vous pouvez juger de la complexité de la *mentalité individuelle* ou de la personnalité humaine, et en même temps de son infinie variété. Car il n'y a pas deux mentalités ou deux personnalités qui se ressemblent complètement. Quelle merveilleuse variété ! Et quelle richesse de nuances, dans la manière dont ces mentalités diverses perçoivent les phénomènes de la nature ou reflètent les rayons de la vérité ! En face des phénomènes de la nature ou des rayons de la vérité, l'esprit humain ressemble à un prisme exposé à la lumière du soleil, mais à un prisme dont les facettes innombrables et infiniment variées refléteraient avec une prodigieuse diversité et une incomparable richesse les rayons lumineux.

Dès lors faut-il s'étonner de la diversité des opinions humaines ? Et même, est-il étonnant que les hommes, placés en face de la *même* vérité, n'aient pas toujours la *même* manière de la voir ni de l'apprécier ?

Cette analyse expérimentale de la mentalité humaine, composée d'éléments infiniment nombreux et prodigieusement variés, a déjà pour nous un résultat très important. En effet, elle nous aide à comprendre la diversité des opinions ; par là même, elle nous prédispose à une plus grande *tolérance* vis-à-vis de nos semblables ; elle facilite nos relations avec eux ; elle ouvre la voie à la réalisation si désirable, mais toujours éloignée, de la Fraternité humaine. De même elle nous fait toucher du doigt le grand défaut de la plupart de nos discussions, car elle nous montre pourquoi des discussions, nées de mentalités si différentes, de points de vue

souvent si opposés, ne peuvent aboutir à aucun résultat sérieux. Conséquemment elle peut nous
indiquer la meilleure voie à suivre pour discuter
utilement avec nos semblables.

L'analyse de la mentalité humaine a une autre
conséquence, c'est de nous révéler les difficultés de
sa transformation. En effet, telle est la complexité
des éléments qui composent la mentalité humaine,
qu'il a fallu du temps, beaucoup de temps, pour
constituer cette mentalité. Dès lors il est évident
que, pour la transformer, il faut aussi beaucoup
de temps. De fait, la mentalité humaine ne se transforme pas du jour au lendemain. Vous avez, je
suppose, devant vous, quelqu'un dont la mentalité,
sur des points importants, diffère de la vôtre. Une
discussion s'engage ; n'espérez pas transformer instantanément la mentalité de votre adversaire. Vous
aurez beau discuter avec beaucoup d'éloquence ;
votre éloquence, sans doute, surtout si elle s'appuie
sur des raisons sérieuses, produira chez votre con-
tradicteur une impression plus ou moins profonde,
qui ne sera pas perdue, — car, dans la circonstance,
il est vrai de dire : rien ne se perd dans la nature
— mais cette impression ne transformera pas sa
mentalité. L'espérer serait s'exposer à des décep-
tions parfois cruelles.

Un exemple fera mieux comprendre ce qui se
produit alors. Nous pouvons en effet, dans la cir-

constance, comparer la mentalité humaine à une balle élastique. Vous pressez une balle élastique ; celle-ci, sous la pression de votre main, cède un instant, mais à peine avez-vous retiré la main, qu'elle reprend sa forme première. Ainsi en est-il de la mentalité humaine, dont les forces sont incomparablement plus élastiques que les molécules de caoutchouc. Sous la poussée de votre argumentation, les forces opposées de votre adversaire pourront céder un instant et se replier en quelque sorte ; mais ce sera pour revenir, quand vous serez parti, à leur position première. Il en sera ainsi jusqu'à ce que vous les ayez détruites ou pulvérisées ; ce qui, lorsque ces forces constituent le fond de la mentalité, ne saurait avoir lieu en un clin d'œil.

Si, au contraire, ces forces ne représentent dans la mentalité que certains aspects secondaires ou superficiels, il suffira parfois d'une controverse, d'une bonne réfutation ou d'une autorité quelconque pour en triompher. Voilà pourquoi, par exemple, lorsque, dans le cours des siècles, il est arrivé à l'Église de censurer des ouvrages dont les erreurs portaient sur des faits ou des points de doctrine, ne touchant pas au fond de la mentalité de l'écrivain, en général celui-ci, pourvu qu'il fût vraiment catholique, acceptait aussitôt avec soumission les décisions de l'Église.

Au contraire, si les censures atteignent la mentalité fondamentale de l'écrivain ; si on lui demande, non pas simplement le silence, mais une *rétractation* qui soit, pour ainsi dire, la condamnation de tout son passé, celui-ci, avant de se soumettre, hésite ; et même, généralement, à moins qu'il ne soit doué d'une humilité profondément chrétienne, il ne se soumet pas. Pourquoi ? parce qu'il ne peut pas, *humainement* parlant, du jour au lendemain, changer sa mentalité qui résume tout son passé. C'est contraire à sa nature.

Voilà pourquoi certains écrivains laïques, et même ecclésiastiques, dont tout le passé doctrinal se trouvait, par le fait d'une condamnation, censuré par l'Eglise, à leurs amis qui les suppliaient de se soumettre, et leur demandaient une rétractation, ont répondu : « Savez-vous bien ce que vous nous demandez ? Vous nous demandez de marcher sur notre conscience et de commettre une hypocrisie. En un mot, vous nous demandez de n'être plus ce que nous sommes, ou de paraître ce que nous ne sommes pas. »

Tant il est vrai qu'on ne transforme pas du jour au lendemain la mentalité humaine ; j'entends une mentalité sérieuse. Une pareille transformation est un miracle que Dieu seul peut faire. Voilà pourquoi nous disons alors que de semblables transformations sont miraculeuses, témoin : la conversion de saint Paul. Mais de pareilles conversions sont rares.

De cette doctrine, je trouve dans la nature organique une éclatante confirmation. Confirmation
qui nous montre une fois de plus la magnifique
harmonie qui existe entre les lois du monde moral
et les lois du monde organique. En effet, la même
loi qui régit les phénomènes de la mentalité humaine, semble présider aux phénomènes de la vie
organique. Ainsi la transformation instantanée des
tissus organiques est contraire aux lois biologiques.
Voilà pourquoi nous appelons miraculeuses les
guérisons qui supposent une pareille transformation. « En effet, dit quelque part l'éminent archevêque de Paris, Mgr Amette, la réparation *subite*
des lésions du corps humain serait nettement
opposée, non plus seulement aux lois les plus
authentiquement contrôlées, mais au principe
même de la vie organique, laquelle est constituée
essentiellement par des générations successives de
cellules s'engendrant les unes les autres, ce qui
produit la croissance des tissus de l'organisme, et
leur restauration, quand ils ont été endommagés
par la maladie, mais ce qui exige d'une manière
évidente *le concours du temps...* Il est scientifiquement et raisonnablement impossible de supposer
des forces naturelles ignorées, qui renverseraient
la base essentielle de la vie, telle qu'elle est dans la
création actuelle, lesquelles ne pourraient être sup-
posables que dans l'hypothèse d'une nature orga-

nique autre que celle qui existe, et créée sur un plan différent. »

Voilà pourquoi nous appelons *miraculeuses* des guérisons comme celles de Lourdes, dans lesquelles les tissus du corps humain se cicatrisent ou se transforment instantanément, car une telle transformation est contraire aux lois biologiques.

Comme nous le voyons, tout s'enchaîne dans la nature ; il n'y a pas de transition brusque ou de transformation instantanée, pas plus dans le monde moral ou dans la mentalité humaine que dans le monde organique.

Mais, je tiens à le faire remarquer, lorsque je parle de mentalité humaine, je parle de mentalité sérieuse, c'est-à-dire des personnes de caractère, des hommes de principes ; car, hélas ! nous en connaissons tant qui n'ont aucun principe, ou plutôt qui ont pour principe fondamental de changer suivant les circonstances, selon leur intérêt ou leur ambition !

Dans cette catégorie sont, par exemple, ceux qu'on appelle aujourd'hui des *arrivistes*, c'est-à-dire des hommes à tout faire, pourvu qu'ils y trouvent leur intérêt ou la satisfaction de leur ambition ; en un mot, pourvu qu'ils *arrivent*. Ce ne sont pas là des hommes de caractère. De telles personnes peuvent être très habiles ; mais certainement elles méritent, pour leurs succès, les félicitations plutôt que l'estime.

Je n'insiste pas davantage. D'ailleurs ces personnes ne font pas exception à la loi générale ; car, si elles changent très facilement suivant les circonstances, c'est que précisément le caractère de leur mentalité est la *mobilité*.

La mentalité humaine, nous l'avons vu, est une agglomération complexe des phénomènes psychologiques les plus variés. Or, ces phénomènes sont autant de forces qui pénètrent intimement la force centrale, *l'âme*, qui est le lien vital, le principe d'activité synthétique, reliant entre eux tous les phénomènes psychologiques.

Mais ces phénomènes existent chez tous les hommes. Et cependant, d'individu à individu, combien différente est leur mentalité ! D'où vient donc cette différence ? C'est là ce qu'il nous importe surtout de savoir ; car, si nous le savons, nous aurons par là même la clef de la formation de la mentalité individuelle, de ses modifications et de ses transformations ; nous aurons le secret de la direction des consciences et des relations sociales. Enfin, — ce qui est surtout l'objet de cette étude, — nous aurons la clef de la mentalité religieuse de la France contemporaine et de sa mentalité future.

Or, la différence de la mentalité individuelle vient de la différence des influences, des forces ou des causes qui agissent sur les facultés humaines. Quelles

sont donc ces influences ? Quelles sont ces causes ?
Nous allons indiquer au moins les principales.

*
* *

L'âme humaine. — Son avenir dépendra de sa mentalité.

Jetons d'abord un coup d'œil rapide sur cette
âme, avant qu'elle ait une *mentalité*, sur cette
âme qu'il s'agit en quelque sorte de façonner pour
l'avenir.

Cette âme, à son origine, se présente à nous
comme une force instinctive. En effet, la vie se manifeste d'abord par des instincts, et spécialement par
l'instinct de conservation. L'instinct constitue le
premier linéament de la future personnalité humaine. — Je dis *future* : car la personnalité ne commence qu'avec l'état de conscience. L'âme est aussi
d'abord une force sensible, c'est-à-dire qu'elle
éprouve des sensations ; mais dans le premier âge,
elle n'a pas conscience de ses sensations. Alors la
vie est purement animale. Peu à peu cependant,
sous l'influence des sensations, son intelligence
s'éveille. Mais ce n'est encore qu'une intelligence
rudimentaire, comme celle de l'animal supérieur ;
ce n'est pas encore une âme raisonnable ; la raison
n'entre en fonction qu'avec la réflexion. Avec la

raison commence pour l'âme la vie des pensées, la vie des sentiments, la vie de la liberté. Avec la raison va se constituer sa mentalité. Alors l'âme est vraiment humaine, car elle a conscience d'elle-même. La *personnalité* existe.

Or, quelle sera cette personnalité ? quel sera son avenir ? Cet avenir sans doute dépendra de nous, c'est-à-dire de nos aptitudes ; mais il dépendra aussi des circonstances, car si les circonstances ne font pas tout l'homme, elles entrent cependant pour une grande part dans la constitution de sa mentalité.

Certes, c'est une chose importante que l'avenir d'une âme. En effet, voici une âme qui va se lancer sur la grande route de la vie humaine. Devant elle s'ouvrent des horizons immenses, infiniment variés. Quelle voie suivra-t-elle ? les sentiers de la vertu ou du vice ? le chemin de la gloire ou de la honte ? L'avenir dépendra de sa mentalité.

Si, en face du bloc de marbre qu'on vient d'extraire de la carrière, on peut se poser la question classique : Sera-t-il dieu, table ou cuvette ? De même pour l'âme humaine, sur le seuil de l'avenir, on peut se demander : Quelle sera sa destinée ? Sera-t-elle sublime ou vulgaire ? Si le bloc de marbre attend sa destinée du ciseau du sculpteur, de même la destinée de l'âme humaine dépendra du ciseau de l'artiste.

L'âme humaine possède en germes les aptitudes
·les plus variées, ce que Leibniz appelait des *virtua-
lités*. Tel le bloc de marbre encore informe qui possède *virtuellement* tous les traits de la statue que le
ciseau de l'artiste en fera jaillir. Lorsqu'il s'agit de
l'âme humaine, le grand artiste qui doit la façonner,
c'est la *raison*. Mais la raison a pour auxiliaire
un instrument puissant : l'*expérience*, qui éveille
dans l'âme ses différentes aptitudes ou facultés : ses
instincts, sa sensibilité, son intelligence, sa volonté.
Et l'expérience est constituée surtout par l'*habitude*,
par l'*éducation*, d'abord au foyer de la famille, puis
sur les bancs de l'école ; elle est développée par la
profession, par le *milieu social* ; elle est profondément influencée par la *religion*.

*
* *

Principales influences déterminant la mentalité de
l'âme : l'habitude, l'éducation, etc., et la religion.

Chacune de ces influences, en raison de leur importance, doit être expliquée. Nous avons d'abord
l'*habitude*. Dans la vie humaine, l'habitude occupe
une place prépondérante. Cela est tellement vrai,
que l'habitude a été appelée avec raison une *seconde
nature*. Il est facile de s'en convaincre. Pour cela
il suffit de jeter les yeux autour de soi. Quand une

plante s'acclimate dans un pays, lorsqu'un animal apprend à faire des exercices auxquels il est dressé, quand un acrobate s'exerce à danser sur la corde, cet acrobate, cet animal, cette plante, contractent ce qu'on appelle des *habitudes*. Si les animaux marchent, si les hommes parlent avec tant de facilité, c'est grâce à des habitudes. La rapidité, la sûreté, avec lesquelles le mathématicien fait ses calculs, le philosophe, ses raisonnements, le moraliste, ses fines et judicieuses observations, sont le fait d'habitudes acquises. La douceur et la vivacité, la bonté, la méchanceté, le travail et l'oisiveté, nos qualités et nos défauts, nos vices et nos vertus, sont encore des habitudes.

La *direction de la conscience* a pour fondement principal l'*habitude*. Aussi pour être un bon directeur de conscience, il importe de bien connaître l'habitude, sa nature, la manière dont elle se forme et se développe, et aussi les moyens de la combattre et de la détruire.

Or, l'habitude repose sur ce principe incontestable : *Tout acte une fois produit laisse dans notre constitution physique et morale une tendance à se reproduire, et cette tendance augmente par la réitération des actes.* Ce principe est fondé sur l'expérience elle-même. Il n'y a pas d'exception. Ainsi s'expliquent toutes nos habitudes : les habitudes physiques, intellectuelles, morales et religieuses.

Voilà pourquoi l'habitude est la clef de l'*éducation*.

Personne ne conteste l'importance de l'éducation. En effet, l'éducation a pour but d'élever l'homme sous les différents aspects de sa nature. Or, cherchez quel est le ressort intime de toute éducation, ressort souvent caché aux yeux d'un grand nombre, aux yeux de ceux qu'on élève et même d'un certain nombre d'éducateurs, qui ne comprennent pas toujours le secret de leur puissance. Ce ressort caché, puissant, qui fera de l'enfant un laborieux ou un paresseux, un honnête homme ou un malhonnête homme, un homme de bien ou un *apache*, un homme religieux ou irréligieux, c'est l'*habitude*.

Étudiez tous les règlements d'éducation en usage dans les familles et surtout dans les écoles, au fond, partout, vous trouverez l'habitude. Dès lors, qui ne voit combien il importe de prendre dès l'enfance de bonnes habitudes, et par conséquent combien est importante l'éducation ?

C'est au foyer de la famille que commence l'éducation, et par conséquent la formation de la mentalité humaine. Mais c'est surtout à l'école qu'elle se développe par l'enseignement. Et quand je parle d'école, je n'entends pas seulement l'École Primaire, qui ne garde l'enfant que les premières années de la jeunesse, mais encore et surtout l'École

Secondaire, qui prend dans la jeunesse les années les plus importantes.

Cette importance de l'école dans la formation de la mentalité humaine n'a pas seulement pour cause l'enseignement ou les choses enseignées, mais encore l'impressionnabilité de l'enfance. En effet, les premières impressions de l'enfance sont très importantes ; car le cerveau de l'enfant n'offrant aucune résistance, elles s'y gravent plus facilement et plus profondément. Dans le cerveau de l'enfant on peut mettre ce que l'on veut ; de là l'importance de l'école ; de là par conséquent l'âpreté de la lutte qui se livre, aujourd'hui surtout, sur le terrain de l'enseignement. Il le savait bien, ce Président du Conseil [1] qui, naguère encore, disait aux Vendéens ses compatriotes : Aujourd'hui, mes amis, la lutte n'est plus aux chemins creux, ni aux carrefours des rues, elle est à l'école.

Après l'éducation, parmi les causes qui exercent sur la mentalité humaine une influence plus ou moins grande, il faut citer la *profession*. Ainsi la magistrature donne au jugement de la pondération ; l'armée développe la virilité des sentiments ; l'exercice du commandement fortifie la volonté. Le *fonctionnarisme* assouplit le caractère, au détriment de son indépendance. Le professorat développe le

1. Clemenceau.

sentiment de la responsabilité, de la dignité humaine ; il donne à la mentalité plus d'idéal ; la philosophie aiguise la raison, élargit les idées ; la littérature et les beaux-arts éveillent l'imagination et affinent le goût.

Il arrive même parfois que chez les hommes qui exercent dans la société une fonction publique, les habitudes de la fonction constituent, à la surface de leur personnalité première ou privée, une seconde personnalité, la *personnalité publique*, appelée quelquefois avec raison le *masque de la fonction*. Et, parfois, c'est un très grand bien. En effet, si l'homme privé n'est pas recommandable, il peut se faire que l'homme public soit excellent. Il en sera ainsi toutes les fois que, dans l'exercice de ses fonctions, il respectera les lois de la justice et de la vérité.

Une autre influence qui marque d'une puissante empreinte la mentalité humaine, c'est le *milieu social*. Le milieu social est quelque chose de très complexe, car il renferme des éléments nombreux et variés. Il comprend surtout les *relations*, la *presse*, l'*opinion*, le *gouvernement* et la *religion*.

Les *relations* agissent sans cesse sur la mentalité ; c'est le cas de rappeler le dicton bien connu : *Dis-moi qui tu hantes, et je te dirai qui tu es.*

Qui ne connaît, aujourd'hui surtout, pour la formation de la mentalité, la puissance de la *presse* ?

Combien de gens, par exemple, qui n'ont pour tout cerveau que leur journal !

Et l'*opinion* ? quelle n'est pas son influence ! Les hommes ne sont-ils pas plus ou moins les esclaves de l'opinion ? L'opinion, on l'a dit avec raison, est la *reine du monde*.

De son côté le *gouvernement*, pour influencer la mentalité, possède des ressources nombreuses et variées : les promesses ou les menaces, les faveurs de toutes sortes ; argent, places, honneurs ; les institutions et les lois, la presse, et par là même l'opinion.

J'ai ajouté : la *religion*. Il importe ici, puisque cette étude a surtout pour objet la *mentalité religieuse de la France contemporaine*, de bien marquer la grande influence de la religion. Jusqu'à nos jours, tous les peuples, je pourrais dire, tous les gouvernements, ont reconnu l'importance de cette influence. Du reste, la chose est facile à comprendre. En effet, la religion, dès lors qu'elle rattache à Dieu la conscience humaine, la mentalité humaine, élève cette mentalité. Elle lui propose un idéal divin, l'infinie perfection. Elle place sous la sauvegarde de la Divinité les lois fondamentales de la morale, résumées dans les préceptes du Décalogue ; et ainsi elle leur donne une plus grande autorité, une autorité que ni les hommes, si puissants qu'ils soient, ni les institutions purement humaines, ne pourront jamais leur donner.

Enfin, par la perspective d'une vie future et de l'immortalité de l'âme, par les sanctions de l'autre vie, qui doivent assurer le règne de la justice, donner à la vertu sa récompense, et au vice, son châtiment, la religion impose aux passions un frein puissant, et assure aux préceptes de la morale une efficacité plus grande que ne pourront jamais leur donner les sanctions humaines : sanction des lois, sanction de l'opinion, et même sanction de la conscience.

A ces considérations, si nous ajoutons que la religion, avec ses prescriptions rituelles, ses prières et ses cérémonies sacrées, prend l'homme au berceau pour le suivre à travers la vie, pour lui enseigner ses devoirs envers Dieu, envers ses semblables et envers lui-même, pour présider aux actes les plus importants de sa vie, pour l'assister à ses derniers moments et conduire à sa dernière demeure sa dépouille mortelle, vous aurez une idée de l'impression profonde produite par la religion sur la mentalité humaine. Cela est vrai d'une manière générale pour tous les hommes.

Or, si nous nous rappelons que la religion catholique, pendant de longs siècles, a régné sur la France en maîtresse, nous pourrons dire sans exagération que la mentalité française a été en quelque sorte pétrie par la religion catholique. Et cela même nous permettra d'expliquer l'un des traits de la mentalité française. Car, s'il y a pour chaque homme une mentalité individuelle, il y a aussi pour chaque peuple une mentalité nationale. Et cette mentalité, c'est l'âme nationale ; car il y a une âme nationale.

*
* *

Mentalité française. — Son origine, ses principaux caractères.

Voilà pourquoi il y a une mentalité française, comme il y a une mentalité anglaise, une mentalité allemande, etc., etc. ; et ces mentalités nationales sont caractérisées par des différences profondes.

Cette mentalité nationale est constituée par ce qu'il y a de commun ou de semblable dans les mentalités individuelles de chaque nation. Elle est formée sous l'influence du sol et du climat, par la solidarité de la race et des traditions, de l'histoire et des institutions, par la communauté de la religion, des succès et des revers, des triomphes et des épreuves, des craintes et des espérances.

Examinons donc la mentalité française. Recherchons-en l'origine, indiquons-en les principaux traits.

D'abord il importe de dire qu'il ne faut pas songer à renfermer la mentalité française dans une définition absolue, ou trop étroite, car tout peuple présente, non seulement des variétés individuelles, mais aussi des variétés locales ou provinciales. Ainsi, par exemple, un Flamand ou un Normand ne ressemble guère à un Marseillais, ni un Breton à un Gascon. Quand on parle de la mentalité d'un peuple, on prend une moyenne, on fait abstraction des différences individuelles ou partielles. Or, peut-on nier que, considérés en général et dans leur esprit collectif, les Français, qu'ils soient Flamands ou Marseillais, n'aient quelque chose de commun ? Il y a donc une mentalité nationale, une mentalité française, à laquelle participent plus ou moins tous les Français.

En outre, il faut remarquer que le type collectif et moyen de la génération contemporaine, n'est pas la représentation *adéquate* du vrai caractère français, parce que chaque peuple a une histoire, des traditions séculaires, et qu'il se compose non seulement de la génération contemporaine, mais encore des générations passées, de telle sorte que le contemporain, dans ses rapports avec ses concitoyens, représente pour ainsi dire toute l'histoire du passé.

Plusieurs races ont concouru à la formation de la mentalité française. Le facteur fondamental de cette mentalité, c'est l'*esprit gaulois*.

César nous a tracé des Gaulois ce portrait que l'expérience des siècles a consacré : les Gaulois sont « mobiles dans leurs conseils, amoureux des révolutions, se laissant, sur de faux bruits, emporter à des actions qu'ils regretteront ensuite, décidant par coup de tête des affaires les plus importantes ; abattus par le premier revers, comme ils ont été enflammés par la première victoire ; aussi prompts à entreprendre des guerres sans motif, que mous et pauvres d'énergie, à l'heure des désastres ; passionnés pour toutes les aventures, généreux d'ailleurs, hospitaliers, ouverts, affables, mais légers et inconstants, vaniteux, très occupés de tout ce qui brille, ayant la finesse d'esprit et la plaisanterie prompte, le goût des récits et la curiosité insatiable pour toutes les nouvelles, le culte de l'éloquence, une étonnante facilité à parler et à se laisser prendre aux mots. »

Après ce portrait, comment nier la persistance du type national à travers l'histoire ?

En effet, il est facile de reconnaître, dans la mentalité française contemporaine, les traits notés par César.

Un second facteur de la mentalité française, ce fut l'*élément latin*. Si on a pu appeler la France une nation *néo-latine*, c'est uniquement en raison de sa culture et de son éducation, en raison des conséquences de la conquête romaine. De tous les peuples réduits par Rome, le plus vite assimilé fut assurément le peuple gaulois. Les Romains eux-mêmes en furent frappés. Mais, loin de faire disparaître la nation gauloise, l'État romain fit grandir chez les Gaulois l'idée de *patrie*. D'ailleurs, parmi les États de l'empire romain, la Gaule demeura le plus indépendant d'esprit. Elle garda son originalité, elle eut sa physionomie propre.

Enfin un troisième facteur de la mentalité française, ce fut *l'influence des Francs*. Mais il importe de bien comprendre cette influence. Or, « une idée qui, depuis plus de cent cinquante ans, s'était insensiblement enracinée dans l'esprit des historiens, c'est l'idée qui représentait l'empire romain comme un despotisme pur, avec toute la corruption morale qui en résulte, et la vieille Germanie, comme la pure liberté, comme la terre de la vertu. Mais Fustel de Coulanges a eu le mérite et l'honneur de montrer que la première assertion n'était vraie qu'à moitié, et que la seconde était fausse.

« Ainsi l'invasion franque et germanique nous était apparue longtemps comme une régénération de notre race, et même de l'espèce humaine. D'ailleurs, les Allemands eux-mêmes n'avaient pas manqué de représenter leurs ancêtres comme les grands purificateurs de la corruption latine. Or, c'est là une erreur. Francs et Germains n'ont ni régénéré, ni vraiment transformé la Gaule ; ils étaient aussi corrompus que pouvaient l'être les Romains ; et, de plus, leur corruption était barbare [1]. »

1. Alfred Fouillée, *Psychologie du peuple français.*

Sous le rapport du développement national, l'influence germanique en Gaule fut assez secondaire. D'ailleurs, les Francs s'y infiltrèrent par petites bandes appelées par les Romains, et aussitôt ils étaient *romanisés*. Mais sous le rapport ethnique, ils apportèrent des éléments nouveaux pour la constitution du peuple français. Ainsi, par exemple, ils nous ont empêchés d'avoir un tempérament trop celtique. Sans aucun doute, ils ont renforcé la dose d'énergie, d'initiative, de sérieux et de fermeté qui entrait dans la composition du caractère gaulois.

La mentalité française est donc la résultante de trois races : la race gauloise ou celtique, la race latine, et la race franque ou germaine. Nous allons essayer maintenant de caractériser avec ses défauts et ses qualités cette mentalité.

Nous le ferons d'abord au point de vue des trois grandes facultés humaines : la sensibilité, la volonté, l'intelligence.

Sous le rapport de la *sensibilité*, nous sommes toujours la nation *excitable* dont parlait Strabon. Chez le Français, les sentiments qui stimulent et exaltent la vitalité, l'emportent au détriment de ceux qui arrêtent ou retardent l'élan. Nous sommes restés, en général, moins capables de passion concentrée que d'enthousiasme, c'est-à-dire d'une exaltation soudaine, souvent passagère, sous l'influence d'une grande idée et d'un sentiment puissant.

Le second trait de la sensibilité française est encore aujourd'hui d'être *expansive* ou *communicative* ; et ce caractère semble principalement celtique. De là cette importante conséquence : si vous rapprochez un grand nombre de personnes ayant cette sensibilité vive et débordante, la sympathie s'établira rapidement, et toutes ces personnes vibreront à l'unisson. Dans cette rapide contagion de sensibilités expansives, nous avons en quelque sorte le premier germe de notre *sociabilité*. De fait, il n'y a peut-être pas de peuple sur lequel la vie collective ait eu et ait encore plus d'influence que sur les Français. La solitude nous pèse ; si, pour nous, l'union fait la force, pour nous elle fait aussi le bonheur. Nous ne pouvons consentir à penser seuls, à sentir seuls, à jouir seuls ; nous ne pouvons séparer de notre propre satisfaction la satisfaction d'autrui. Aussi avons-nous la naïveté de croire que ce qui nous rend heureux, rendra les autres heureux ; que toute l'humanité doit penser et sentir comme la France.

De là notre prosélytisme ; de là le caractère contagieux de notre esprit national, qui finit souvent par entraîner, malgré leur flegme naturel ou leur prudente défiance, les autres nations elles-mêmes.

Grâce à notre tempérament nous avons, avec la belle humeur, l'espoir facile, la confiance en nous, en tous et en tout. Le Français aime à rire.

D'ailleurs la gaieté est un sentiment très sociable.

La *volonté*, chez le peuple français, a conservé le caractère explosif qu'elle avait déjà chez les Gaulois. Comme nos ancêtres, nous poussons souvent le courage jusqu'à la témérité, l'amour de la liberté jusqu'à l'indiscipline. Mais notre volonté procédant plutôt par décharges soudaines que par de longs et lents efforts, il en résulte que nous sommes vite fatigués de vouloir ; nous retombons bientôt dans la routine journalière. Un défaut des volontés spontanées, c'est la soudaineté excessive des résolutions. De là parfois cette légèreté, cette étourderie, tant reprochées. Mais en revanche notre volonté spontanée, expansive, a l'avantage d'être par son premier mouvement portée à la droiture. Aussi le Français conforme au type traditionnel est-il, par tempérament, sincère et ouvert. Seule, son imagination, ou bien encore le désir de briller devant la galerie, lui fera plus ou moins consciemment altérer la vérité. Il aime à broder. Chez lui, c'est moins souvent calcul qu'exubérance d'humeur. Alors même qu'il demeure Celte ou Franc, il a toujours un peu du Gascon [1].

Avec cette vive sensibilité, avec cet élan de la volonté, ne nous étonnons pas si l'intelligence du Français est également prime-sautière. Aussi la

---

1. *Psychologie du peuple français.*

facilité est-elle notre premier don intellectuel. Mais cette facilité a ses avantages et ses dangers. Si elle produit une assimilation rapide, c'est une assimilation parfois peu durable, qui peut aboutir à l'inconstance.

Parfois aussi cette facilité, qui nous permet de saisir avec une très grande rapidité l'ensemble des choses, nous empêche d'en approfondir le détail. Dès lors, comment s'étonner qu'en France l'intelligence moyenne se montre souvent superficielle ? Mais elle rachète ce défaut par la justesse et la précision du coup d'œil.

De même, en France, nous aimons la *clarté* ; l'obscurité nous est antipathique. Voilà pourquoi nous sommes portés vers tout ce qui simplifie. Et, à son tour, cet amour de la simplification a une prédilection pour les idées *abstraites* et générales, qui ont l'avantage d'être en même temps les plus communicatives, et par là même les plus *sociales*.

Si l'esprit français a une prédilection pour les idées générales, nous devons dire que ces idées générales, dans leur application à la société, deviennent facilement, par suite de notre sensibilité, des idées généreuses.

En résumé, les qualités natives de notre race, jointes à la culture latine, devaient aboutir au *rationalisme français*, ainsi formulé par Descartes dans son *Discours sur la Méthode : ne recevoir jamais pour vrai que ce qui paraît évidemment être tel. Ce qui est conçu clairement est vrai.* Le génie français n'est ni naturaliste, ni mystique ; il aime par-dessus tout la *raison* et les raisons. Aussi, avec plus de raison que l'Allemand Gœthe, nous pouvons nous écrier : « De la lumière ! plus de lumière ! »

Jetons maintenant un coup d'œil rapide sur les caractères généraux de l'esprit français, en philosophie, en politique et en religion.

Étant données les qualités natives du génie français, la philosophie en France devait être principalement *intellectualiste* et *rationaliste*. En effet, le Français est ami des conceptions nettes et logiques. Or ce caractère du génie français a été personnifié surtout en Descartes. La philosophie cartésienne est une philosophie vraiment française.

Ce que Descartes avait fait en philosophie, on le fera, vers la fin du xviiie siècle, dans l'ordre *social* et dans l'ordre *politique.*

« Dans ce domaine, le trait essentiel de notre esprit, c'est la foi dans la toute-puissance de l'État et du gouvernement. Frondeurs à l'occasion, indisciplinés, insubordonnés, tenant plus à la liberté de parler qu'au droit d'agir, et croyant avoir agi quand nous avons parlé, nous subissons d'ordinaire une autorité forte, et nous sommes portés à croire qu'elle peut tout pour notre bonheur [1]. »

1. Alfred Fouillée, *Psychologie de l'esprit français.*

En vertu de notre prédilection nationale pour les idées abstraites, nous croyons qu'il suffit de proclamer des principes, pour en réaliser les conséquences, de changer d'un coup de baguette la *Constitution*, pour transformer aussitôt les lois et les mœurs. Nous nous figurons qu'il suffit d'improviser des décrets, pour hâter le cours du temps. Nous aurions pu, par exemple, dit un humoriste, formuler cette *Constitution* en deux articles :

Art. I. — Tous les Français seront vertueux.

Art. II. — Tous les Français seront heureux.

Sous le rapport politique, nous n'avons pas assez le sentiment de la tradition, ni de la solidarité entre les générations. Nous ne comptons pas assez sur la puissance du temps. Nous sommes trop pressés. Trop facilement nous croyons qu'une révolution peut remplacer l'évolution qui est l'œuvre du temps.

Entrons enfin sur le terrain religieux qui doit être surtout notre domaine. La France, en adoptant le christianisme, devait évidemment le marquer de son empreinte ; aussi, conformément au génie de sa race, l'a-t-elle orienté dans le sens de la vie sociale, c'est-à-dire de la justice et du droit, de la fraternité, de la charité. Voilà pourquoi c'est en France surtout que s'est développée l'institution chrétienne de la chevalerie, qui répondait si bien au caractère de la nation ; voilà pourquoi c'est de la France que devait partir l'élan des croisades en faveur des chrétiens opprimés. D'ailleurs notre devise : *Gesta Dei per Francos*, et le titre de *Fille aînée de l'Église*, sont la preuve éloquente du caractère expansif, apostolique, du sentiment religieux de la France.

Plus tard, hélas ! les Français devaient mettre à combattre le catholicisme le même élan qu'ils avaient mis à le défendre. Et, dans la critique des dogmes, ils ont pris pour guide unique, conformément à leur caractère national, la raison abstraite et formelle, la logique du pur entendement. En religion, au lieu de considérer l'homme tout entier avec ses sentiments, ses qualités morales, ses intuitions esthétiques ou religieuses, ils considèrent, sinon exclusivement, du moins principalement, l'intelligence humaine dont ils veulent l'entière satisfaction. Et, tant que cette satisfaction n'existe pas, pour eux aucune tradition religieuse, comme telle, n'est sacrée.

Ces considérations générales sur l'esprit français, en particulier dans le domaine religieux, considérations confirmées d'ailleurs par l'expérience, étaient nécessaires pour nous aider à comprendre la *mentalité religieuse* de la France contemporaine. Comment la France, au moyen âge, si profondément, si uniformément catholique, est-elle devenue aujourd'hui, dans ses masses profondes, si indifférente en religion, et même, sur beaucoup de points, si incrédule ?

Nous allons le voir.

* *

La mentalité religieuse de la France contemporaine.

COMMENT ELLE S'EST FORMÉE — SES PRINCIPALES CAUSES

Dans ce but, jetons en arrière un coup d'œil rétrospectif; et, brièvement, examinons les causes principales de cette indifférence et de cette incrédulité. C'est une page d'histoire religieuse que nous allons écrire, guidés par la psychologie de l'esprit français.

Pour découvrir l'origine principale de l'indifférence religieuse de la France contemporaine, il faut remonter jusqu'à la Renaissance.

En effet, la Renaissance, au point de vue philosophique, fut une résurrection de la philosophie païenne. Elle fut une réaction contre la philosophie scolastique, qui était l'alliée de la foi ; elle développa l'esprit d'indépendance religieuse, et ressuscita les vieux systèmes de la Grèce : le panthéisme, l'athéisme et le scepticisme.

Ainsi le panthéisme est représenté par Jordano Bruno, l'athéisme par Jules Vanini, le scepticisme par Michel Montaigne et Pierre Charron.

Ces écoles de philosophie furent autant d'écoles d'incrédulité, de scepticisme religieux. Sans doute dans tous les temps il y eut des sceptiques, des incrédules. Mais en France, du moins avant la Renaissance, ils n'existaient qu'à l'état d'exception. Or, à partir de la Renaissance, l'incrédulité fit de nombreux adeptes.

De fait, c'est l'esprit d'indépendance religieuse, propagé par la Renaissance, qui fut la cause principale du *libre examen*, principe fondamental du protestantisme. Or, le principe du libre examen ou de la *souveraineté de la raison*, dans l'étude de la religion, a été en France, comme partout, la source malheureusement la plus féconde de l'incrédulité.

« En effet, le principe du *libre examen* aboutit à la libre négation des dogmes chrétiens. Ce principe ne produisit pas d'abord toutes ses conséquences. Les germes d'irréligion qu'il contenait sommeillèrent assez longtemps, comme les bourgeons sont endormis l'hiver sous un manteau de neige. On continuait de croire par habitude, sans se douter qu'on n'avait plus de vie, comme une locomotive court sur les rails, en vertu de la vitesse acquise, alors même que le mécanicien a renversé la vapeur [1]. »

---

1. Mgr Mignot, *Lettres sur les études ecclésiastiques.*

C'était la conséquence fatale du protestantisme. En effet, dès lors que le protestantisme, en vertu de son principe, rejetait en matière de doctrine l'autorité traditionnelle de l'Église, il détruisait par là même le fondement le plus solide de nos croyances religieuses.

N'oublions pas que le caractère national favorisait cette conséquence. En effet, les Français, dans la critique des dogmes, prenant pour guide la raison abstraite et la logique du pur entendement, devaient pousser jusqu'à ses dernières limites le principe du *libre examen*.

Et même il n'est pas téméraire de penser que ce principe a exercé sur la philosophie cartésienne une grande influence. En effet, *l'évidence de la raison*, donnée par le philosophe français comme *criterium* du vrai, n'est-elle pas la fille du *libre examen* ?

C'est le même principe, secondé par la prédilection de la race pour la raison abstraite et par la corruption du siècle, qui fut, au xviiie siècle, la source principale de l'incrédulité des *intellectuels*, c'est-à-dire des écrivains de l'*Encyclopédie*, et aussi du scepticisme religieux des hautes classes de la société.

Ces classes sans doute manifestaient pour la religion un certain respect extérieur. Ainsi on assistait aux prières publiques, aux cérémonies religieuses, surtout quand elles étaient officielles ; mais pour beaucoup d'esprits, ce culte extérieur n'était qu'une formalité d'apparat. On voulait sauver les apparences. Or, parmi ces sceptiques, au culte de la Divinité se substituait peu à peu le culte de l'humanité, le culte de la Raison. De là plus tard la fameuse Déclaration des droits de l'homme et le culte de la *déesse Raison*.

Sans doute Napoléon restaura les autels du vrai Dieu ; mais, pour lui, cette restauration était surtout un acte dicté par la politique, plutôt qu'une mesure inspirée par une religion sincère. Pour consolider son trône, il avait besoin de la religion.

Hélas ! combien de chefs d'État, aujourd'hui encore, ne voient dans la religion qu'un appui pour leur trône, plutôt qu'une institution vraiment divine !

D'ailleurs les incrédules ne renoncèrent pas à leur incrédulité. A cela rien d'étonnant, car si les transformations politiques peuvent, du jour au lendemain, changer des mentalités dont l'essence même est de changer, et transformer les adversaires de la veille en plats courtisans du lendemain, elles ne changent pas les mentalités sérieuses, ou, du moins, elles n'en modifient pas le fond. Il n'y a qu'un changement de surface. Il en est de ces changements comme de ceux qui se produisent à la surface des eaux. La différence des vents change la direction des vagues, mais ce ne sont là que des changements de surface. Les grands courants, un instant ralentis par la force du vent, continuent cependant leur direction normale.

Ainsi une mentalité foncièrement sceptique ou incrédule ne se transforme pas en un clin d'œil, et, pour ainsi dire, à volonté, en une mentalité croyante ou convaincue. Aussi, refoulé un instant par la politique napoléonienne, l'esprit d'indépendance religieuse et de liberté politique se réfugia-t-il dans les sociétés secrètes, en particulier dans la Franc-Maçonnerie... J'ai dit : l'*esprit de liberté politique*, parce que cet esprit, comme l'esprit d'indépendance religieuse, descend en ligne directe du *libre examen*. Sans doute cet esprit, combattu sous la monarchie par l'absolutisme du pouvoir, ne se manifestait pas au dehors, mais il couvait dans les profondeurs de la société. Vienne une occasion favorable, et il fera explosion. C'est ce qui est arrivé. En effet, à la fin du xviiiᵉ siècle et dans la première partie du xixᵉ, à l'époque de la Restauration, sous l'influence des perturbations politiques qui secouèrent le peuple français et renversèrent les institutions établies, l'esprit d'indépendance religieuse et de liberté politique monta des profondeurs de la nation à la surface de la société, comme aux jours de tempêtes montent à la surface de l'océan des courants nouveaux qui semblent sortir de ses profondeurs.

Mais ces courants d'indépendance religieuse et de liberté politique, qui modifiaient peu à peu la mentalité religieuse de la France, furent, sous la Restauration et le second Empire, non pas, sans doute, arrêtés, mais du moins ralentis dans leur marche, pour reprendre, à la fin du XIXᵉ siècle, avec la troisième République, une marche accélérée.

En attendant nous devons signaler trois forces puissantes qui, au XIXᵉ siècle, ont battu en brèche le catholicisme :

D'abord la *critique rationaliste*, qui passe toutes les croyances au crible impitoyable de la raison et n'admet pour vrai, suivant le principe de la méthode cartésienne, que ce qui est pour la raison *évidemment vrai*. Ensuite les *sciences historiques*, qui portent aux croyances religieuses une atteinte redoutable. En effet, les sciences historiques, appliquées aux sources de la tradition religieuse, traitent cette tradition comme les traditions profanes, et par là même détruisent, tout au moins diminuent le respect, la crainte et l'amour, sources intérieures des sentiments religieux.

Enfin les *sciences physiques et naturelles*. En effet, la connaissance de la fixité des lois de la nature, une connaissance plus exacte de la carte du ciel et de la terre, ont contribué à détruire, je ne dis pas les faits *vraiment miraculeux*, mais du moins beaucoup de légendes merveilleuses auxquelles croyaient les peuples, à l'âge de l'enfance et de la foi naïve.

Cependant, jusqu'à l'avènement de la troisième République, l'*indifférence religieuse*, dénoncée avec tant d'éclat par Lamennais, le scepticisme religieux et l'athéisme, ne purent pas donner toute leur mesure.

Il y eut même pendant quelque temps un *réveil religieux* dont voici, à mon avis, les causes principales : d'abord l'État, sous le premier Empire et la Restauration, considérant avec raison que la religion est une des colonnes fondamentales de la société, avait protégé la religion. Ce qui explique, au lendemain de la Révolution, avec l'ouverture des églises sous Napoléon, le *réveil religieux* auquel répondait admirablement le *Génie du Christianisme*. Réveil favorisé ensuite par la Restauration.

Plus tard la loi Falloux de 1850, qui donnait la *liberté de l'enseignement secondaire*, continua de développer le réveil religieux.

En effet, grâce à cette liberté, les classes élevées de la société, la bourgeoisie et l'aristocratie, purent faire donner à leurs enfants, dans les collèges tenus par les congréganistes, une éducation religieuse.

Ces enfants, ces jeunes gens, qui devaient être plus tard en France les plus fermes soutiens de

l'Église, relevèrent dans la société le niveau religieux des classes élevées.

Malheureusement la grande masse du peuple,
qui, au xviiie siècle, avait, contrairement aux classes
élevées, conservé sa foi, glissa de plus en plus, au
xixe, vers l'indifférence religieuse. D'ailleurs, même
dans les hautes classes de la société, malgré un
certain réveil religieux, dans le monde des lettrés,
chez les écrivains, dans la presse, que d'irréligion !
que d'impiété !

La mentalité religieuse de la France était donc
préparée, de longue date, à subir la politique irréligieuse de la troisième République. Cependant, du-
rant les premières années de cette République,
alors que nous avions, non pas seulement une
République nominale, mais une vraie République ;
alors qu'au pouvoir étaient des hommes intègres,
sincèrement républicains, c'est-à-dire voulant la
liberté pour tous, et respectant les droits de chacun,
— car c'étaient, pour ne parler que des morts, de
vrais républicains, les J. Simon et les Dufaure, —
alors, la religion était respectée, l'Église était aussi
libre qu'elle l'avait jamais été, même sous la
Monarchie ; et alors aussi, la France se relevait rapidement des ruines de l'année terrible, et la prospérité nationale allait toujours croissant.

Malheureusement ces années furent de courte
durée. Derrière les hommes qui étaient au Pouvoir,

s'agitait une secte entreprenante, pour laquelle la République était plutôt une *doctrine* qu'une forme de gouvernement. C'était la Franc-Maçonnerie, secte très active, sachant parfaitement ce qu'elle voulait, mais cachant d'abord son but, et profitant avec habileté des divisions du parti conservateur ou catholique.

La Franc-Maçonnerie ne tarda pas à imposer au Pouvoir ses doctrines antireligieuses. Dès lors le gouvernement cessa d'être une vraie République, c'est-à-dire la chose de tous, *res publica*, ayant pour objectif principal le respect des droits de chacun, pour être surtout une doctrine de laïcisation, de *déchristianisation*, qui prétend remplacer le christianisme par la religion de l'humanité.

C'est alors que l'illustre évêque d'Angers, Mgr Freppel, dans une brochure célèbre. jeta le cri d'alarme, déclarant que la République en France était avant tout une *doctrine*, dont l'objectif principal était la destruction de l'Église catholique.

Les événements devaient lui donner raison. Un tribun célèbre, Gambetta, dans le trop fameux discours de Romans, jetait contre l'Église catholique le cri de guerre désormais historique : *Le cléricalisme, voilà l'ennemi.*

Gambetta avait longuement préparé ce discours, qu'attendaient avec impatience tous ceux qui voulaient en France la destruction de l'Église, et qui, dans la circonstance, se réjouissaient de trouver dans les facultés oratoires du tribun la parole retentissante dont ils avaient besoin pour entraîner les foules. Gambetta avait frappé juste.

Aussi, tout ce qu'il y avait alors en France d'incrédules, d'athées, toutes les loges maçonniques, tous les ennemis du cléricalisme, firent à Gambetta une ovation enthousiaste. Le discours de Romans fut colporté aux quatre coins de la France.

Désormais contre l'Église catholique la guerre était déclarée. Mais, pour ne pas effrayer, on avait, avec une très grande habileté, résolu de procéder méthodiquement, et, comme disait Gambetta, de *sérier les questions*.

Ne vous effrayez pas, disaient aux catholiques les hommes de gouvernement, et beaucoup d'autres avec eux, nous ne combattons que le *cléricalisme*, c'est-à-dire les empiétements du clergé sur la société civile. Nous ne voulons pas que le clergé cherche à dominer la société civile. Nous revendiquons pour la société civile l'indépendance. Nous voulons pour l'État la suprématie dans l'ordre temporel ; mais nous laissons aux croyants, quels qu'ils soient, la liberté de pratiquer leur religion. Chacun chez soi.

Parmi ceux qui parlaient ainsi, il y en avait certainement de sincères. Mais déjà ils n'étaient plus, du moins ils ne devaient pas être longtemps les maîtres de la direction politique. Ce n'était que des paravents. Derrière eux, dans les coulisses, ou plutôt dans les loges maçonniques agissaient sourdement les vrais chefs de la politique française, qui poursuivaient avant tout la déchristianisation de la France. Ils savaient, eux, où ils allaient, où ils voulaient aller.

Dans un compartiment de 3ᵉ classe, je roulais vers Marseille, lorsque tout à coup j'entends discuter dans le fond du wagon : « Puisque nous avons le Pouvoir, disait un voyageur, nous tenterons l'expérience, et nous irons jusqu'au bout. — Quelle expérience ? demanda quelqu'un. — Nous voulons supprimer en France la religion. — Mais vous ne réussirez pas ; vous savez bien qu'un peuple ne peut pas exister sans religion ; la chose ne s'est jamais vue. — C'est ce que nous verrons ; en tout cas nous allons essayer. — Et si vous ne réussissez pas ? — Eh bien, alors, c'est que la chose sera vraiment impossible. — Mais alors, que ferez-vous ? — Nous ferons machine en arrière. — Oui, si auparavant vous n'êtes pas vous-même emporté par la machine. »

On va donc essayer, *méthodiquement, scientifiquement*. Sans doute on ne dira pas, — car le peuple français ne l'aurait pas permis, — *nous voulons détruire la religion, toute religion*, — bien que ce soit le rêve de quelques sectaires, — mais le *cléricalisme*.

Et malheureusement, sous ce rapport, la masse de la nation était de longue date, par suite de son indifférence religieuse, préparée à subir l'expérience.

Et quels moyens va-t-on employer ? Ceux qui servent à constituer la mentalité humaine, moyens que nous avons indiqués.

Or, le principal de ces moyens, le moyen fondamental, c'est l'*enseignement*. C'est par l'enseignement que l'Église a christianisé la France ; c'est aussi par l'enseignement qu'on va chercher à la déchristianiser.

J. Ferry ouvre le feu. Ministre de l'Instruction publique, en juillet 1881, il fait voter la *laïcisation* de l'enseignement primaire.

En même temps il ne craignait pas de dire à ses amis : « Dans vingt-cinq ans, il ne restera plus rien du culte catholique. »

C'était bien d'ailleurs l'espérance de ceux qui dirigeaient alors la politique de la France. C'était en particulier l'espérance de Gambetta, l'espérance de Paul Bert.

En effet, au mois d'août de la même année, dans une conférence présidée par Gambetta au Cirque d'Hiver, devant un auditoire où se trouvaient un grand nombre de jeunes femmes et de jeunes filles, Paul Bert prononça un discours vraiment scandaleux, dans lequel il déversa sur la religion et la morale catholique l'injure et le sarcasme.

Après avoir plaisanté longuement sur certaines dévotions de l'Église catholique, en particulier sur les effets merveilleux de la médaille de saint Benoît et le cordon de saint Joseph, il s'écriait : « Personne ne me démentira, quand j'affirmerai que l'enseignement religieux devient aisément, et quasi fatalement, l'école de l'imbécillité, l'école du fanatisme, l'école de l'antipatriotisme et de l'immoralité, etc. »

Et l'auditoire d'applaudir ; et Gambetta de dire à l'auditoire : « Vos applaudissements font mieux que couronner son passé ; l'ovation que vous lui faites, illumine son avenir. »

Or, c'est à cet homme que Gambetta, devenu Président du conseil, confia l'Instruction publique et les Cultes. Pourtant ce choix révolta les esprits les moins prévenus. On rappela ce mot de Dufaure : « Paul Bert, c'est le conspirateur patenté contre la société chrétienne française. » — « Le nouveau ministre des Cultes, disait John Lemoine, est un ministre contre les cultes, ou du moins contre le culte catholique. » « On se demande, écrivait le *Temps*, pourquoi les cultes sont remis à un homme qui les a jusqu'ici traités beaucoup moins en homme d'État qu'en pamphlétaire. » — « La nomination de Paul Bert aux cultes, disait de son côté le *Parlement*, est un acte de mauvaise politique et de mauvais goût... C'est jeter à l'Église catholique un inqualifiable et presque outrageant défi ! »

Oui, c'était un outrageant défi, que Paul Bert du reste ne craignait pas de souligner, quand il disait : « Dans trente ans, la religion aura disparu de la France. Nos mesures sont si bien prises et tellement combinées pour abolir le christianisme que, s'il survit, je croirai et même je me ferai catholique. » Or les trente ans sont écoulés, et le christianisme survit ; mais Paul Bert est mort.

Vraiment, pour un ministre de l'Instruction publique et des Cultes, qui aurait dû connaître l'histoire de l'Église et la mentalité religieuse de la France, une pareille déclaration dénote la plus grossière ignorance des choses de la religion.

S'il les eût connues, il se fût épargné le ridicule d'une aussi pédante prédiction.

Non, ce n'est pas en un quart de siècle, ni même en un demi-siècle, que les lois, même les plus anti-religieuses, si perfides qu'elles soient, peuvent, même dans un pays d'une foi superficielle, détruire le christianisme.

Mais ce qu'il faut retenir, ce sont les aveux, d'une franchise brutale, des ennemis de la religion. Il n'y a pas à en douter : ils ont voulu et ils voudraient encore détruire en France la religion chrétienne.

D'ailleurs les actes ont suivi de près les menaces. Oui, Paul Bert pouvait s'en vanter, si l'Église n'est pas encore détruite, du moins tout a été parfaitement combiné pour sa destruction. Dans ce but, les ennemis de la religion ont fait toutes leurs lois. A cette fin, joignant l'hypocrisie à la violence, ils ont recouru aux procédés les plus perfides.

*
* *

L'Enseignement public. — La Neutralité scolaire.

Peu à peu furent expulsés des écoles publiques les congréganistes. Mais, comme on ne pouvait pas remplacer immédiatement tous les congréganistes, parce qu'on manquait d'instituteurs et d'institutrices, on toléra quelque temps dans les écoles publiques certains congréganistes. Mais, chaque année, méthodiquement, on procédait à la laïcisation de quelques écoles.

Bientôt toutes les écoles publiques de garçons furent laïcisées. On alla un peu moins vite pour les écoles de filles.

En même temps on enlevait des écoles et des prétoires tout emblème religieux. Des livres scolaires on effaçait tout ce qui rappelait la religion. On alla même jusqu'à biffer le nom de Dieu. Plus d'écoles publiques confessionnelles. Et cependant, pour ne pas trop effrayer les catholiques, Jules Ferry leur disait : « Ne craignez pas, l'enseignement de l'État respectera les croyances de vos enfants. Pour faire accepter sa loi sur la *neutralité confession-*

nelle de l'école, il disait du haut de la tribune française : « Si un instituteur public s'oubliait assez
pour instituer dans son école un enseignement hos-
tile, outrageant contre les croyances religieuses de
n'importe qui, il serait aussi sévèrement et aussi
rapidement réprimé que s'il avait commis cet autre
méfait de battre ses élèves, ou de se livrer contre
leur personne à des sévices coupables [1]. »

Sans doute l'État, qui est neutre en matière de
religion, pour être logique avec lui-même, et aussi,
par suite de la nécessité des temps, dans un pays
comme la France, si profondément divisé dans
ses croyances religieuses et ses opinions philosophiques, ne pouvait faire autrement que de proclamer la *neutralité confessionnelle* de l'école. L'État,
qui reçoit dans ses écoles publiques des enfants
appartenant à toutes les confessions religieuses, est
bien obligé de recommander à ses instituteurs, dans
leur enseignement, la neutralité confessionnelle.
Comment vouloir, en effet, que le malheureux instituteur soit, dans sa classe, tout à la fois curé, pasteur,
rabbin et philosophe ! Le simple bon sens nous dit
qu'il ne peut pas exercer à la fois tous les métiers.
Sans doute il vaudrait mieux avoir l'unité confessionnelle, et par là même, dans les écoles de l'État, l'enseignement confessionnel. C'était l'ancien régime ;

1. Discours de J. Ferry au Sénat, 16 mars 1882.

mais il est à présumer que cet état de choses ne se reverra plus.

En tout cas, ce qu'il y a de certain, c'est que la séparation de l'enseignement et de l'éducation religieuse est une chose désastreuse. En effet, cette séparation, dès lors que l'enseignement religieux ne fait plus partie des programmes scolaires, ne peut pas manquer de jeter le discrédit sur les croyances religieuses.

Généralement, surtout chez les enfants du peuple, l'abandon des croyances religieuses et des règles morales a lieu simultanément. Pour eux, ne plus croire au prêtre, c'est souvent ne plus croire en Dieu. Ne plus croire en Dieu, c'est pour eux ne plus croire au bien et au mal ; c'est se juger libre de s'abandonner à tous les vices. Voilà pourquoi la déchristianisation, ou, si vous voulez, la neutralité confessionnelle de l'enseignement primaire, aboutit fatalement à la démoralisation de l'enfance. Voilà pourquoi l'Église a toujours condamné le principe de la neutralité scolaire.

Le pape Pie IX, dans sa Lettre à l'archevêque de Fribourg (14 juillet 1864), après avoir condamné la neutralité dans l'enseignement supérieur, ajoutait : « Ce détestable mode d'enseignement, séparé de la foi catholique..., produira des effets plus funestes encore s'il est appliqué aux écoles populaires, car, dans ces écoles, la doctrine de l'Église doit tenir la première place... La jeunesse est donc exposée au plus grand péril, lorsque, dans ces écoles, l'éducation n'est pas étroitement unie à la doctrine religieuse [1]. »

Léon XIII, contre ce système de pédagogie, a porté à son tour la condamnation la plus catégorique, lorsque, parlant de l'union nécessaire de l'enseignement avec l'éducation religieuse, il disait : « Les séparer l'un de l'autre, c'est vouloir que, lorsqu'il s'agit d'un devoir envers Dieu, l'enfant reste neutre. Système mensonger et désastreux dans un âge si tendre, puisqu'il ouvre la porte à l'athéisme et la ferme à la religion [2]. »

Voilà pourquoi, à la suite des pontifes romains, les évêques de France, dans leur récente Lettre collective du 14 septembre 1909, ont condamné l'école neutre.

Ce faisant, ils ont accompli leur devoir. Ils ne pouvaient pas accepter la *neutralité*. C'est d'ailleurs ce qu'ont reconnu les esprits les plus éclairés de notre temps, même les moins suspects de partialité en faveur de l'Église. Ainsi l'un d'eux écrit: « L'Église ne pouvait pas, ne devait pas accepter la *neutralité* qu'elle a constamment condamnée... C'est ce que les évêques de France avaient le devoir de rappeler

1. Lettre pastorale des cardinaux, archevêques et évêques de France.
2. *Idem*.

dans leur récente Lettre pastorale, où ils citent et commentent les textes catégoriques de Pie IX et de Léon XIII condamnant de la façon la plus formelle les *écoles neutres*, par ce seul fait qu'elles sont neutres, et non expressément catholiques. »

En le rappelant et en le prouvant, textes en mains, les évêques de France ont montré une parfaite sincérité religieuse, une entière obéissance au pape, et ils ont accompli strictement, comme ils le disent eux-mêmes, leur devoir épiscopal.

« Cela ne veut pas dire que, dans le domaine de la morale, l'Église nie toute lumière naturelle. Mais l'Église ne permet pas et ne peut pas permettre d'enseigner une morale indépendante et neutre, parce qu'elle la juge insuffisante pour le salut, et que la mission divine de l'Église est précisément d'ajouter la grâce à la nature, la foi à la raison. Elle est dans son rôle ; espérer l'en faire sortir, c'est oublier à la fois les dogmes de l'Église et l'histoire de l'Église. Chaque pape, en prononçant son serment solennel, se lie à tout ce qu'ont déclaré *ex cathedra* ses prédécesseurs. Qu'il s'appelle Léon ou Pie, aucun ne violera son serment [1]. »

L'Église a donc toujours condamné le principe, c'est-à-dire, suivant une expression devenue classique, la *thèse* de la neutralité scolaire.

---

1. Alfred Fouillée, *La Démocratie politique et sociale en France*, in-8, 1910.

D'ailleurs, dans la pratique, c'est-à-dire dans *l'hypothèse*, la neutralité absolue est impossible, c'est une chimère.

Si, en mathématiques, en chimie, et même en géographie, cette neutralité est possible, elle ne l'est plus en morale, en histoire et en philosophie.

Du reste, malgré les recommandations des ministres de l'Instruction publique, l'expérience ne tarda pas à montrer l'impossibilité de cette neutralité.

Sans doute, lorsqu'on parle d'*école neutre*, si l'on entend seulement que le maître doit respecter les croyances de ses élèves ; si d'autre part le maître est délicat, — et, Dieu merci ! il y en a beaucoup, — la chose est possible. Mais ce n'est là qu'une neutralité *relative*.

Une neutralité *absolue*, une école absolument neutre, c'est impossible.

De deux choses l'une : ou les instituteurs ont des croyances religieuses, ou ils n'en ont pas. S'ils en ont, lorsque l'histoire fera passer sous leurs yeux et sous les yeux de leurs élèves, par exemple la vie de Jésus-Christ et des grands serviteurs de Dieu, les institutions de l'Église, comment pourront-ils cacher leurs impressions ? De même, si l'histoire vient à raconter la vie des ennemis de l'Église, leurs actes contre la religion, pourront-ils garder la neutralité ? S'ils n'ont pas de croyances religieuses, que répondront-ils, lorsque les enfants les interrogeront sur la divinité de Jésus-Christ, sur le rôle d'un Luther ou d'un Voltaire ?

Ce que nous disons de l'histoire, nous pouvons le dire de la *morale* ; — je ne parle pas de la philosophie, car la philosophie n'est pas au programme de l'enseignement primaire, — mais la morale fait partie de l'enseignement primaire. Or quelle morale enseignera l'instituteur ? Enseignera-t-il la morale chrétienne, la morale indépendante ou la morale positiviste ? Dès lors, comment s'y prendra-t-il pour enseigner à ses élèves leurs devoirs envers Dieu, envers leurs semblables et envers eux-mêmes ?

En face de ces devoirs, demander à l'instituteur la neutralité, c'est lui demander une chose impossible. D'ailleurs les enfants sont de fins psychologues ; ils lisent dans les yeux de leur maître ; ils épient son visage, et y saisissent le plus fugitif des sourires. Ils savent si on leur parle avec les lèvres ou avec le cœur. Or, la pire des leçons que le maître puisse donner à des enfants, c'est le manque de sincérité.

Non, la neutralité scolaire n'est pas possible. Ils le savent bien, ceux qui ont passé, ne fût-ce qu'un moment, dans l'enseignement. Comment voulez-vous, en effet, qu'un instituteur, malgré son respect pour les croyances de ses élèves, ne trahisse pas, dans un moment d'oubli ou de distraction, en morale ou en religion, ses idées ou ses sentiments personnels ?

Bien plus, je dirai avec les éducateurs les plus célèbres des temps passés, que le meilleur éducateur est celui qui sait faire passer dans l'âme de ses élèves le meilleur de son âme, tout au moins ce qu'il estime le meilleur, c'est-à-dire, en religion comme en morale, ses idées et ses sentiments, en un mot ses croyances.

D'ailleurs l'expérience a fait ses preuves. En effet, non seulement elle a prouvé que même les instituteurs les plus corrects ne pouvaient pas garder la neutralité absolue, mais encore elle nous a montré des instituteurs, incapables de garder même une neutralité relative, et s'oubliant jusqu'à bafouer devant leurs élèves la religion, la morale et le patriotisme.

Aussi, les ennemis eux-mêmes de l'Eglise, dans leur moment de franchise, n'ont pas craint de déclarer que la neutralité scolaire, promise par l'État, était impossible.

Mais alors, quelle est la conclusion qui s'impose ? C'est que l'État doit donner aux catholiques la liberté d'enseignement. Non, répondent les ennemis de la religion. C'est l'État, disent-ils, qui doit être l'instituteur de l'enfant. Mais alors que faites-vous donc de la logique ? que faites-vous de la liberté, dont vous avez sans cesse l'étiquette mensongère sous la

plume ou sur les lèvres ? Ah ! la liberté ! vous la
voulez pour vous, mais pour vous seuls, et vous la
refusez à tous ceux qui ne pensent pas comme
vous. Vous acceptez que des maîtres incrédules ou
sceptiques puissent bafouer devant leurs élèves les
croyances religieuses ; mais vous n'admettez pas
que les croyants puissent trouver, dans la liberté
d'enseignement, la faculté de défendre leurs
croyances attaquées. Cela, c'est du *sectarisme,*
et du *sectarisme* le plus étroit et le plus odieux.

Mais, disent quelques-uns, pour combler dans les
écoles publiques le vide de l'enseignement religieux, il y a la *famille* et l'*Église.*

Et d'abord la famille. Oui, si la famille appelle
l'Église à son aide. Mais, hélas ! est-il possible de
nier la funeste influence exercée sur la plupart des
parents, surtout dans les classes populaires, par
l'exemple de la neutralité officielle ? La neutralité
de l'école engendre l'irréligion du foyer.

Mais, dit-on, il y a l'Eglise. Ici, je tiens à combattre un préjugé, à dissiper une illusion trop com-
mune, qui consiste à réserver au prêtre *seul* le soin
de donner aux jeunes intelligences la science de la
religion. Sans doute, c'est la mission du clergé de
catéchiser l'enfance ; et chacun sait avec quel zèle
le clergé paroissial accomplit cette mission. En
effet, ce clergé, fidèle aux recommandations de
son divin Maître, il aime les petits enfants. Volon-

tiers il leur enseigne la religion ; il leur apprend les vérités qu'il faut croire, les devoirs qu'il faut pratiquer. Mais le catéchisme enseigné aux enfants à l'occasion de la première communion, quand il s'agit d'une science importante et difficile comme celle de la religion, est bien peu de chose, surtout si l'on songe qu'à cet âge l'enfant est bien jeune, et que le léger bagage d'instruction religieuse acquise sur les bancs du catéchisme peut difficilement résister aux attaques si nombreuses et si variées livrées aujourd'hui à la religion.

Si, de l'école primaire, nous passons à l'Enseignement Secondaire donné dans les collèges et les lycées de l'État, je ne crois pas me tromper en disant que les professeurs apportent en général, dans l'exercice de leurs fonctions, plus de tenue, plus de délicatesse, et respectent davantage les croyances religieuses de leurs élèves. D'ailleurs, il y a dans cet enseignement des professeurs, aux croyances religieuses éclairées et sincères, qui n'ont jamais sacrifié à leur avancement leurs convictions religieuses. Honneur à ces professeurs demeurés fidèles à leurs croyances religieuses et au respect de leur conscience !

Malheureusement il en est d'autres qui sont incrédules ou sceptiques ! D'ailleurs, quelles que soient les convictions des professeurs, leur ensei-

gnement ne peut pas être un enseignement confessionnel. Dès lors, surtout pour les leçons d'histoire
et de philosophie, dont l'esprit trop souvent est aux
antipodes des croyances religieuses, il n'est pas difficile de prévoir combien pour les jeunes gens ces
leçons seront désastreuses !

Mais, dira-t-on, dans les lycées, il y a des aumô-
niers chargés d'enseigner la religion. Hélas ! outre
que l'assistance aux conférences de l'aumônier est
facultative, qui ne sait qu'aujourd'hui, dans les
lycées, l'enseignement religieux est relégué au
dernier plan et dépourvu de tout prestige ? Aussi
je ne m'étonne pas de cette parole, dont je ne ga-
rantis pas la complète exactitude, mais qui semble
malheureusement trop fondée : « Les élèves qui
sortent de nos lycées après leur philosophie ont
généralement perdu la foi. »

Je ne parle pas de l'Enseignement Supérieur,
donné dans les facultés de l'État. Généralement les
professeurs distingués qui occupent les chaires de
l'État, gardent sur le terrain religieux la plus délicate réserve.

J'ai eu l'avantage de le constater, et j'ai conservé de leur enseignement, de la largeur de ses
horizons et de la sagesse de ses méthodes, le meilleur souvenir. Aussi je suis heureux d'avoir l'occasion de leur témoigner ici publiquement ma reconnaissance, pour un enseignement qui a été et qui

restera dans ma vie une source féconde de jouis-
sances intellectuelles.

Mais évidemment, c'est toujours la neutralité confessionnelle. Voilà pourquoi les jeunes gens qui
sortent des lycées, des facultés de l'État, et plus tard
des Écoles du gouvernement, n'ont reçu ou à peu
près aucune instruction religieuse. Or, si vous
remarquez que ces jeunes gens sont précisément
ceux qui plus tard, par leur position sociale,
seront appelés à exercer sur la société la plus grande
influence, vous aurez pour une bonne part l'expli-
cation de la mentalité française contemporaine,
de son incrédulité, ou de son indifférence religieuse.

Si j'ai insisté sur la question de l'enseignement,
c'est que cette question est la question capitale. Le
monde appartient à ceux qui l'enseignent. De là,
sur le terrain de l'enseignement, l'âpreté de la lutte
actuelle.

Mais si l'enseignement, dans la formation de notre
mentalité religieuse contemporaine, joue un rôle
capital, il est encore d'autres causes qui exercent
sur cette *mentalité* une très funeste influence.

Il y a d'abord, pour l'enfant, les *exemples du foyer
domestique* : exemples trop souvent pernicieux,
exemples d'incrédulité ou d'irréligion ; exemples
de croyances mélangées parfois des plus grossières
superstitions.

Il y a aussi le *milieu social*. L'atmosphère d'incrédulité dans laquelle nous vivons exerce sur les croyances l'influence la plus délétère. En effet, nous respirons à pleins poumons un air saturé d'irréligion, d'impiété, d'immoralité. Or, parmi les principaux éléments, qui composent cette atmosphère sociale, nous pouvons indiquer : la presse, les arts, la littérature, et en particulier le roman et le théâtre. Il suffit de jeter un coup d'œil rapide sur chacun de ces éléments, pour constater qu'ils doivent fatalement exercer sur la mentalité contemporaine, et en particulier sur la mentalité religieuse, une influence désastreuse.

Et d'abord personne n'ignore la puissance de la *presse*. La presse est la grande puissance du jour ; elle est la reine de l'opinion. Quoi d'étonnant ? La presse, c'est-à-dire les journaux, les périodiques, les tracts, qu'on trouve dans tous les kiosques, dans toutes les bibliothèques de chemins de fer, sont dans toutes les mains, et lus par tout le monde.

Les journaux, qui sont criés dans toutes les rues, portés dans tous les cabarets, dans tous les établissements publics, et colportés jusqu'au fond des campagnes les plus reculées, sont la nourriture quotidienne de la mentalité française. Dès lors, dans la formation de cette mentalité, ils jouent un rôle très important. Par conséquent, si nous voulons comprendre cette mentalité, nous devons tenir compte du caractère de la presse.

Or, si vous jetez un rapide coup d'œil sur le caractère des journaux qui se publient en France, je n'exagère pas en disant que vous trouverez contre un journal catholique, au moins quatre journaux irréligieux. Et, ce qu'il ne faut pas oublier, c'est que les journaux irréligieux, par cela même qu'ils flattent les passions humaines, pénètrent plus facilement que les autres dans les milieux populaires. Et même dans certains milieux, tels que les cabarets, les restaurants, les manufactures, il n'y a que des journaux irréligieux. Or, tandis que ces journaux sont étalés au grand jour dans tous les kiosques, dans toutes les gares, on y trouve rarement les journaux religieux. Encore ces derniers, lorsqu'ils y sont, le plus souvent sont-ils relégués dans des coins obscurs. On dirait que les vendeurs n'osent pas les montrer au grand public. C'est là, pour le dire en passant, un fait tristement suggestif.

Que dire de toutes les publications pornographiques, dont les titres alléchants et les gravures immorales, aux couleurs provocantes, s'étalent aux vitrines des kiosques et dans les gares de chemins de fer, où les enfants peuvent, hélas ! en toute liberté, en repaître leurs yeux ?

Il en est des *romans* comme des journaux.

Les romans à la mode, les plus répandus dans les milieux les plus divers, se distinguent en général par la légèreté de leurs maximes, par le scepticisme religieux, par la lasciveté des peintures et des tableaux de mœurs scandaleuses. Il y a cependant des romans honnêtes, qui sont lus. Mais ils sont l'exception ; et s'ils sont lus, c'est grâce au talent de l'auteur et à sa renommée littéraire.

Quant aux romans immoraux, pour qu'ils soient lus avec avidité, il suffit qu'ils décrivent des scènes scandaleuses, qu'ils entrent dans des détails de mœurs plus ou moins pimentées, ou qu'ils fassent des analyses de passions maladives et malsaines.

Je me rappelle deux jeunes mariés arrivant dans une ville d'eaux, et passant devant une librairie à la mode. — « Tiens, dit le mari à sa femme, je vais t'acheter deux ou trois de ces romans (c'étaient des romans immoraux). Avec cela tu pourras t'amuser. » L'imprudent ! En résumé, les romans honnêtes sont rares et peu lus, tandis que les romans immoraux pullulent et sont dévorés par la foule des lecteurs.

Il y a aussi le *théâtre*. Or le théâtre, comme le roman, est trop souvent une école d'immoralité. École plus funeste que celle du roman. En effet, tandis que la lecture du roman n'exerce son influence que sur des individus pris isolément, le théâtre, au contraire, agit sur des collectivités. Or, dans les collectivités, la surexcitation des passions est contagieuse. Contagion qui ne peut exister pour les individus pris isolément.

D'autre part, au théâtre, l'immoralité est en quelque sorte vécue, car elle est soulignée avec art par la parole, par le geste et la pose des acteurs. Et ainsi elle n'en est que plus dangereuse.

Je sais bien que les dramaturges, les romanciers, les journalistes, peuvent me répondre : « Nous donnons à nos lecteurs, aux spectateurs, ce qu'ils demandent ; nous écrivons en conformité avec leur goût. » C'est malheureusement vrai. Si les mœurs n'étaient pas aussi libres, aussi légères, si la mentalité était moins irréligieuse, moins accentuée serait la note sceptique ou irréligieuse des romans et des spectacles.

Oui, sans aucun doute. Mais il n'en est pas moins vrai que les romans et les spectacles contribuent, dans une large mesure, au développement de la mentalité irréligieuse. En effet, il s'établit ainsi entre les romanciers et leurs lecteurs, entre les acteurs et les spectateurs, un double courant, qui va se renforçant mutuellement au détriment des mœurs et de la mentalité religieuse.

*
* *

La Séparation des Églises et de l'État.

Enfin je dois indiquer une cause toute récente, destinée à exercer sur la mentalité religieuse de la

France une influence néfaste, c'est la Séparation des Églises et de l'État.

L'union de l'État et de la Religion, ou, si l'on veut, la concorde officielle des Églises et de l'État, est nécessaire au bien de la religion comme au bien de l'État. Au contraire, la séparation est nuisible à l'un et à l'autre.

Je n'ai pas à m'occuper ici de l'État, mais seulement de la mentalité religieuse de la France. Or, il est certain qu'au temps du Concordat la religion catholique en particulier bénéficiait de l'union des deux pouvoirs, le pouvoir religieux et le pouvoir civil. En effet, surtout dans les campagnes, on a en France le culte du *fonctionnarisme*. Culte poussé parfois jusqu'au fétichisme. Or, à tort ou à raison, les ministres de l'Église catholique étaient, aux yeux du peuple, qui les en estimait davantage, considérés comme des fonctionnaires dans l'État. Ainsi, par exemple, la présence dans les cérémonies publiques des dignitaires de l'Eglise à côté des fonctionnaires de l'État, rehaussait, aux yeux des foules, l'éclat de la pourpre et de la mitre, et donnait aux dignitaires de l'Église un prestige qui rejaillissait sur la religion. Or, avec la *séparation*, ce prestige est tombé; et c'est au détriment de l'Église, comme au préjudice de l'État.

Les considérations qui précèdent, à savoir : l'analyse de la mentalité humaine, et en particulier de la mentalité française, l'énumération des faits historiques les plus importants qui, depuis la Renaissance, ont agi, pour la modifier profondément, sur la mentalité religieuse de la France, nous permettent maintenant de nous expliquer facilement, trop facilement, hélas ! cette mentalité contemporaine.

*
* *

Tableau de la mentalité religieuse de la France contemporaine.

(INDIFFÉRENCE RELIGIEUSE)

Nous allons l'examiner sans faiblesse et sans parti pris. Quelle que soit la vérité, il ne faut pas craindre de la regarder en face ; et, quand on croit la connaître, il ne faut pas avoir peur de la dire. Car, alors, la passer sous silence serait de la faiblesse, l'altérer serait de la malhonnêteté. Du reste, pourquoi taire la vérité, ou chercher à se faire illusion, et que gagne-t-on à fermer les yeux à l'évidence ? D'ailleurs, si la mentalité religieuse contemporaine, par certains côtés, est réellement attristante, par d'autres, elle est vraiment réconfortante.

Cette mentalité n'est certainement pas irréligieuse ; elle conserve toujours des sentiments religieux plus ou moins profonds ou superficiels, plus ou moins vifs ou endormis, mais elle est *anti-cléricale*, c'est-à-dire opposée aux empiétements du clergé sur la société civile. De là, sur cette mentalité, le succès du cri de guerre de Gambetta : *Le cléricalisme, voilà l'ennemi.*

Il y a encore en France, Dieu merci ! de vrais catholiques, d'une foi profonde et agissante. Et même on peut dire que, depuis quelques années, sous l'aiguillon de l'épreuve, bon nombre de catholiques, persécutés dans leur foi, se sont réveillés de leur assoupissement. Les œuvres religieuses se sont multipliées ; nous devons mentionner en particulier l'œuvre fondamentale des Écoles libres ou chrétiennes, et l'œuvre non moins importante que généreuse du *Denier du culte.*

Il s'est formé en outre, dans la jeunesse catholique, de nombreuses et florissantes associations, des patronages, des cercles d'études, des cercles d'ouvriers, des mutualités. De nombreux pèlerinages sillonnent en tous sens la France catholique, et vont manifester dans les sanctuaires les plus célèbres, surtout à Lourdes, l'ardeur de leur foi. Et ces congrès, et ces *Semaines sociales*, qui, sur les différents points de la France catholique, travaillent au développement des œuvres religieuses, en même temps qu'à l'amélioration matérielle *des ouvriers* ; c'est là, n'est-il pas vrai ? un spectacle réconfortant. Certainement il y a là, dans la France catholique, un mouvement, un réveil, qu'on ne connaissait pas depuis longtemps. Ne pas le reconnaître, ne pas saluer avec reconnaissance ce zèle, ce dévouement des vrais catholiques, ce serait de l'ingratitude.

Mais si, dans la foi de certains catholiques, il y a plus d'intensité, plus de vie, en un mot, si nous avons gagné en qualité, nous avons malheureusement perdu en quantité. Il y a dans le nombre des catholiques un réel déficit. Nous avons les cadres de l'armée catholique, l'état-major, les officiers ; mais les troupes diminuent. Ne nous laissons pas tromper par les apparences ; nous avons encore, comme par le passé, l'extérieur, ce que j'appellerai la *façade* de la religion catholique. Mais la sève de vie chrétienne n'a plus la même énergie. A cela rien d'étonnant ; c'est que la foi n'est plus aussi vive.

On l'a bien vu dernièrement, lors de la fermeture des maisons religieuses et des inventaires des églises.

Quand les religieux, expulsés de leur couvent, prirent le chemin de l'exil, la France catholique s'est-elle soulevée ? Non. Elle n'a pour ainsi dire pas bougé. Sans doute, il y eut sur plusieurs points du territoire, en faveur des religieux, de touchantes manifestations, de nombreux témoignages de sympathie. Et au premier rang des manifestants, j'entends de ceux qui ont courageusement élevé la voix pour protester contre l'expulsion des religieux, la justice nous fait un devoir de citer le clergé séculier, tout particulièrement les évêques. Mais ce fut tout.

De même, lorsqu'on fit les *inventaires* des églises, il y eut sans doute dans certaines contrées, en particulier dans la Bretagne et la Vendée, quelques nobles et courageuses résistances. Mais ce fut exceptionnel. D'ailleurs ces résistances furent le fait d'un petit nombre de catholiques. En réalité la France, dans son ensemble, n'a pas bougé.

Une autre preuve de cette indifférence religieuse, ce sont les élections générales. Les Français, en grande majorité, votent pour des candidats anticatholiques. Je sais bien que le gouvernement, par tous ses fonctionnaires, exerce sur les électeurs une forte pression. N'importe, si les Français étaient en majorité réellement catholiques, les élections ne seraient pas anticatholiques.

Sous ce rapport les catholiques se sont fait trop souvent illusion. Sous prétexte qu'à chaque instant ils entendent crier contre le gouvernement, ils escomptent à l'avance son renversement : « Le gouvernement, se disent-ils, a du plomb dans l'aile ; aux prochaines élections, nous aurons notre revanche. »

Ils oublient que le Français, né gouailleur, depuis les vieux Gaulois nos ancêtres, a toujours frondé le pouvoir. Mais vienne le jour des élections, alors il se ressaisit, et son vote nous fait connaître sa pensée intime. Or, à l'heure actuelle, cette pensée n'est pas celle d'un catholique.

Lorsqu'on s'en tient aux apparences, on est porté parfois à se faire illusion. En effet, lorsqu'on voit, par exemple, dans certaines contrées, les églises très fréquentées, surtout si l'on songe au nombre de ceux qui se disent catholiques et qui ne voudraient pas être privés des honneurs de la sépulture religieuse, on est porté à s'illusionner sur le nombre des vrais catholiques. D'ailleurs il faut dire aussi que ces illusions sont trop souvent entretenues, en particulier par les orateurs qui, dans les réunions catholiques, sous prétexte de réconforter les auditeurs, exagèrent le nombre et l'importance des manifestations religieuses. Que dis-je ? elles sont favorisées surtout, ces illusions, par la presse religieuse, en particulier par les *Semaines religieuses*, qui sont douées sous ce rapport de l'optimisme le plus robuste.

Naguère un publiciste distingué concluait de très éloquentes considérations par ces mots : « On peut dire en toute vérité que la pensée moderne retourne au Christ. »

Plaise à Dieu que cela fût vrai ! Sans doute de grands esprits, de puissants penseurs, comme les Brunetière, les Coppée, les Huysmans et quelques autres, ont conclu leur vie par un acte de foi très méritoire et très édifiant. Mais à côté de ceux-là, combien d'autres qui n'arrivent pas à l'acte de foi, et même qui vont tout à l'opposé !

Parmi eux, il y a également de grands esprits. Inutile de citer leurs noms, ils sont sur toutes les lèvres. Les lettres, les sciences et les arts, les académies et la politique, en comptent un grand nombre, qui exercent autour d'eux, sur leurs contemporains, une très grande influence. Non, hélas ! il n'est pas vrai de dire que la pensée moderne retourne au Christ ; j'entends : *au Christ intégral.*

Sans doute il y a de temps à autre de consolants retours au Christ ; il y a des conversions retentissantes qui réconfortent. Du reste, il y en eut de tout temps. Malheureusement le nombre des indifférents augmente, et celui des vrais catholiques diminue.

Si, pour être catholique, il suffisait d'être baptisé, de faire sa première communion, de se marier à l'église, on pourrait dire que les catholiques sont la majorité. Mais si, pour être catholique, il faut d'abord croire tous les articles du *Credo*, et observer les commandements de l'Église, les catholiques sont, hélas ! l'infime minorité. D'après les statistiques données par certaines publications catholiques, il n'y a guère qu'un centième des hommes de France, et qu'un vingtième des femmes de France, qui se confessent et communient au moins une fois par an.

D'autre part, il ne faut pas non plus se faire

d'illusion sur les intentions de ceux qui sont au Pouvoir. Sans doute, parmi eux, il en est qui voudraient s'arrêter dans la lutte contre l'Église, et qui sont réellement de bonne foi quand ils parlent d'apaisement. D'ailleurs, c'est de l'opportunisme, et par conséquent de l'habileté.

En effet, le *cléricalisme*, qui a longtemps servi d'épouvantail pour combattre les catholiques, n'est plus qu'un vieux mannequin démodé, qui commence à ne plus faire peur aux Français. Les Français savent bien que le clergé, à l'heure actuelle, n'exerce et ne peut exercer sur la société civile aucun empiétement. Voilà pourquoi ils désirent l'apaisement de la lutte religieuse. Du reste, aux dernières élections générales (mai 1910), ce qui ressortit le plus clairement de ces élections, c'est que le pays en avait assez de la lutte religieuse.

Voilà pourquoi le Président du conseil [1] jugea opportun de parler d'apaisement. Mais cet apaisement, pourra-t-il le faire ? — C'est autre chose. — Néanmoins, je crois qu'il le désire, et qu'il est sincère lorsqu'il en parle.

Cependant, dans la circonstance, d'aucuns l'ont accusé de mauvaise foi ; ils ont prétendu qu'il ne parlait d'apaisement que pour mieux tromper les catholiques. Mais eux-mêmes sont-ils bien sincères ?

1. M. Briand.

Et serait-il téméraire de penser que parmi eux il en est qui, dans un intérêt politique, ne voudraient à aucun prix de cet apaisement, et qui préfèrent la continuation de la lutte ? — « Comment, disent-ils, se fier à un homme qui fait des lois de laïcisation le *criterium* de la politique républicaine ? » — Sans doute, malheureusement pour nous, le Président du conseil ne songe pas à relever nos ruines. Mais s'il ne veut pas en faire de nouvelles, cela ne vaut-il pas mieux que d'ajouter sans cesse aux ruines déjà faites de nouvelles ruines ?

Néanmoins, pas d'illusion ! Sur ce terrain, la mesure de la sincérité gouvernementale se réglera sur la mesure même de l'influence catholique. Si, demain, les électeurs manifestaient par leurs votes le dessein de reprendre la lutte, le chef du gouvernement, quelles que puissent être à ce sujet ses préférences intimes, ne manquerait pas de déclarer une fois de plus la guerre au *cléricalisme*. Pourquoi ? Parce que, qu'on ne l'oublie pas, la politique actuelle du Président du conseil n'est pas ce qu'on peut appeler une *politique personnelle*; c'est la politique demandée, tout au moins, qu'il croit demandée par le pays.

Quel que soit le chef du gouvernement, la sagesse politique lui fait un devoir de tenir compte de l'opinion. Malheureusement, aujourd'hui, le vent de l'opinion ne souffle pas en faveur du catholicisme.

En résumé, la mentalité française, qui était au moyen âge universellement catholique, à partir de la Renaissance, sous l'influence de causes diverses, et surtout depuis les lois récentes de laïcisation, est tombée peu à peu dans une indifférence religieuse générale.

Qu'on ne m'accuse pas d'avoir poussé les choses au noir, car je n'ai rien exagéré. Mais aussi, pour dissiper de funestes illusions et dans l'intérêt de la vérité, je n'ai rien voulu dissimuler.

Or, en présence de cette situation, les catholiques doivent-ils se décourager ? Faut-il se croiser les bras, se contenter de gémir, et attendre un sauveur ? Assurément non. C'est au contraire le moment de se rappeler le conseil toujours opportun : « Aide-toi, le ciel t'aidera. » Ou bien faut-il soupirer après des catastrophes, et au besoin les favoriser ? — Ce ne serait pas honnête. A Dieu ne plaise que nous cherchions, dans un intérêt politique quelconque, à triompher sur les ruines de notre pays !

*
* *

Remèdes.

Nous devons au contraire toujours travailler au bien de notre patrie. Comment ? Par quels moyens ? En refaisant à la France une mentalité religieuse.

Mais quelle méthode employer ?... Celle que nous enseigne l'expérience ; la *méthode positive*, suivie d'ailleurs contre la religion par les ennemis de l'Église.

L'objectif des ennemis de l'Église, c'est la destruction du catholicisme. Cet objectif, depuis quelques années surtout, ils le poursuivent méthodiquement, obstinément ; c'est leur *delenda est Carthago*.

Sachant parfaitement de quels éléments se compose la mentalité humaine ; quelles sont, par conséquent, les causes qui peuvent influer sur elle, la façonner ou la transformer, ils travaillent ces éléments, dirigent ces causes, façonnent ou transforment les pensées et les sentiments, l'éducation et ses procédés. Ils vont à leur but lentement, progressivement. Sachant aussi que la mentalité humaine, dans la maturité de l'âge, ne se transforme pas aussi facilement, ni du jour au lendemain, ils visent plus spécialement la mentalité de l'enfant, si facile à façonner. De là tous leurs efforts pour accaparer l'enfance, d'abord par l'enseignement, ensuite par les œuvres post-scolaires.

*
* *

La liberté de l'enseignement.

Dans ce but ils réclament pour l'État le monopole de l'enseignement. Mais ce monopole serait une violation si flagrante des droits de la famille, qu'il se heurte à des adversaires nombreux, non seulement dans les familles catholiques, mais encore parmi les universitaires eux-mêmes, qui considèrent avec raison ce monopole comme un dangereux présent.

C'est un des membres les plus distingués de l'Université qui a dit que le monopole de l'enseignement, au profit de l'État, serait la violation des droits les plus sacrés de la famille. « A vrai dire, dans les questions d'enseignement, trois *droits* sont en présence : celui de l'enfant, celui de la famille, et celui de l'État. L'enfant a droit à une certaine portion *minima* du capital intellectuel et moral — et aussi du capital religieux — de la nation. Ce *minimum* est celui qui lui est nécessaire pour être vraiment un homme civilisé parmi les hommes civilisés, un citoyen parmi les citoyens.

« D'autre part, l'État a le droit et le devoir d'exiger de tous le *minimum* de connaissances scientifiques, morales et civiques, nécessaires, pour exercer les droits de citoyen.

« Enfin le père de famille a le devoir et le droit d'élever et d'instruire ses enfants, soit personnellement, soit par délégation, conformément à sa conscience, en même temps qu'aux garanties exigées par l'État [1]. »

1. Alfred Fouillée.

Or, l'enfant ne peut exercer par lui-même ses droits. C'est un mineur, qui est sous une double tutelle : la tutelle immédiate de ses parents, et la tutelle plus lointaine du gouvernement.

Pratiquement, il reste donc deux termes en présence : la famille et l'État.

Méconnaître les droits de l'un ou de l'autre, dans les deux cas, c'est une erreur. Donner à l'un ou à l'autre un pouvoir absolu, c'est une égale erreur. Avant tout, c'est au père de faire ou d'assurer l'éducation de son enfant. En effet, son enfant est à lui, avant d'être à l'État ; et s'il a pris la peine de le soigner, de l'élever, de le moraliser, ce n'est pas pour le voir arraché de ses mains, et traîné malgré lui sous le joug des politiciens de l'heure présente.

L'État ne peut intervenir que pour obliger les parents, s'il est nécessaire, à remplir leur devoir civique d'éducation et d'instruction. Mais les parents, pourvu que les maîtres choisis par eux remplissent les conditions de capacité, de moralité, exigées par la loi, gardent le droit de choisir les maîtres qui ont leur confiance.

En résumé, le monopole de l'enseignement serait une injustice à l'égard de ceux qui voudraient et pourraient enseigner sous les garanties nécessaires; une injustice à l'égard des parents, qui, après avoir élevé leurs enfants jusqu'à un certain âge, se verraient tout d'un coup retirer le droit de les faire instruire, conformément à leurs convictions ; une injustice à l'égard des enfants eux-mêmes, que l'État obligerait à n'entendre que le son d'une seule cloche, celle qu'il fait sonner ; enfin une injustice à l'égard de la nation entière, dont il compromettrait ainsi la liberté de conscience et le progrès intellectuel.

D'ailleurs il serait un mauvais service rendu à ceux qui espèrent profiter du privilège. Que dis-je ? l'intérêt bien entendu de l'État, c'est de laisser ouvertes, toutes grandes, les portes de l'enseignement, c'est de laisser circuler sans entraves, dans l'enseignement, l'air et la lumière.

Du reste, l'État est d'autant moins fondé à revendiquer le monopole de l'enseignement, qu'il n'a pas le droit d'imposer une doctrine. D'abord il ne peut pas enseigner une doctrine confessionnelle ; cela va de soi, puisqu'il fait profession de neutralité religieuse. Mais il ne peut pas davantage imposer une morale philosophique. Pourquoi ? parce qu'il n'y a pas unité de morale philosophique, et qu'au contraire les morales philosophiques sont fort nombreuses, et souvent contradictoires.

Mais l'État ne pourrait-il pas au moins enseigner une morale sociologique ? Assurément, répondent les partisans de la morale laïque, et c'est là désormais son devoir. Mettons-nous donc à l'œuvre, et composons, pour l'enseignement de l'État, un manuel de morale sociologique.

Qu'est-ce donc que la morale sociologique ? « C'est la morale qui comprend les obligations essentielles à l'homme, comme membre de la société. Cette morale est à la fois sociale, familiale et personnelle. Elle embrasse, par exemple, les vertus sociales, telles que la justice et la bienfaisance, et les vertus privées, enseignées dans la cité antique, longtemps avant le christianisme, par exemple, la sagesse, la force d'âme et la tempérance. Bien plus, les sept péchés capitaux énumérés par les théologiens sont aussi des péchés sociaux. L'orgueil, par exemple, c'est de l'insociabilité ; insociabilité, la paresse ; insociabilité, la colère ; à leur tour, l'envie, l'intempérance et la luxure, sont des vices qui rejaillissent sur la société entière. Est-ce que nos petits Français sont inférieurs aux petits Athéniens ou aux petits Romains d'avant le christianisme ? Sont-ils incapables de comprendre et d'admirer les vertus qui étaient à la base de la cité antique ? Assurément non. Il y a donc une morale laïque ; et cette morale peut être l'objet de l'enseignement [1]. »

Oui, sans aucun doute, il peut y avoir une morale laïque ; morale sociale, familiale et personnelle, et cette morale, l'État peut l'enseigner. Mais, autre chose est d'enseigner la morale, autre chose de l'im-

1. Alfred Fouillée.

poser à la conscience. Pour cela, que faut-il ? Il faut d'abord à la morale une autorité qui puisse commander à la conscience. Or, cette autorité, ni l'État, ni les philosophes, ne peuvent la lui donner. Seule, la religion peut la donner. En outre, il faut une sanction qui en garantisse l'efficacité. Or, toutes les sanctions humaines sont impuissantes. Une sanction religieuse est nécessaire.

Mais, dira-t-on peut-être, avant le christianisme, cette morale a été pratiquée par la cité antique. Sans doute, mais la cité antique était religieuse ; elle appuyait sur la religion l'enseignement de la morale. Aussi, lorsque fut discréditée la religion païenne et qu'elle fit place au scepticisme religieux, la morale, privée de l'appui de la religion, perdit toute autorité. Ni l'État ni les philosophes ne purent remplacer cette autorité. Que dis-je ? les philosophes eux-mêmes, avouant leur impuissance, déclarèrent qu'il fallait faire appel à la Divinité. Or, ce que n'ont pu faire, ni l'État païen, ni les philosophes de l'antiquité, l'État laïque et nos philosophes contemporains le pourront-ils ? Non, assurément.

Cependant aucune société ne peut exister sans morale, ni par conséquent sans religion. C'est une vérité d'expérience que la sagesse des siècles a proclamée. Et déjà notre pays lui-même, à ses propres dépens, a commencé d'en faire l'expérience.

Si l'Etat veut éviter l'anarchie, il n'y a pour lui qu'un remède, c'est de travailler, par la liberté de l'enseignement religieux, au relèvement de la morale.

Que dis-je ? puisqu'il a fait la séparation des Églises et de l'État, qu'il prépare maintenant — ce qui vaudra, je crois, beaucoup mieux — la séparation de l'enseignement et de l'État !

Qu'il se réserve le contrôle de l'enseignement, c'est son droit et son devoir. Mais qu'il ne se fasse pas, — car c'est sortir de son rôle, — l'éducateur de la nation. Tout y gagnera : les finances du pays, le développement de l'instruction par la concurrence de l'enseignement, la liberté religieuse, et, avec la liberté, le progrès social.

Tôt ou tard, dans l'intérêt national, cette séparation, réclamée par l'opinion, s'imposera.

*
* *

L'enseignement religieux.

En attendant, mettant à profit, sur le terrain de l'enseignement, ce qui leur reste de liberté, les catholiques, pour donner aux enfants une mentalité religieuse, ne doivent reculer devant aucun sacrifice.

C'est l'œuvre par excellence ! Et cette œuvre, ce n'est pas seulement l'intérêt religieux de l'enfant qui la réclame, c'est aussi l'intérêt de la France. Et lors même que l'État — ce que je ne crois pas — en arriverait à confisquer complètement la liberté d'enseignement, — ce qui pour les enfants serait un malheur, et pour la France un désastre, — cependant tout ne serait pas perdu ; il resterait aux catholiques l'enseignement dans la famille et les œuvres post-scolaires. Or, le zèle des catholiques, fécond en ressources et d'un dévouement inépuisable, trouverait encore le moyen d'arriver à l'âme des enfants et des jeunes gens.

Que les catholiques poursuivent donc avec confiance, sur le terrain de l'enseignement, l'œuvre commencée avec tant de zèle et de générosité ! Là est l'espérance de l'avenir.

*
* *

La presse religieuse. Pas de division.

Il y a aussi la *Presse*. Mais la presse religieuse est débordée par la presse antireligieuse. Il y a, pour lutter contre la presse anticatholique, trop peu de journaux catholiques. Et puis, la presse irréligieuse pénètre partout ; au contraire, la presse religieuse n'a qu'un public très restreint. Tel grand journal religieux n'est lu que du clergé, et seulement d'une partie du clergé. Aujourd'hui on court aux nouvelles ; ce n'est plus comme autrefois. Avec notre vie d'une activité fiévreuse, à la vapeur, on n'a pas le temps de lire sur un journal des articles de fond. Ces articles, on préfère les lire, à tête reposée, par exemple, dans les périodiques, où ils sont du reste plus sérieusement étudiés.

Or, il faut bien le dire, à part quelques rares exceptions, les journaux religieux, pour des raisons trop faciles à deviner, sous le rapport de l'étendue et de la rapidité des informations, laissent parfois à désirer. C'est une des raisons pour lesquelles le grand public ne les lit pas.

Certes ! la presse catholique rend de grands services à l'Église, et il faut l'encourager. Mais, qu'elle me permette ici de lui dire tout haut ce que beaucoup disent tout bas : elle en rendrait encore davantage si, par exemple, elle évitait les discussions inutiles, qui ne servent qu'à diviser les catholiques ; et si, ne pouvant les éviter, elle apportait du moins dans ces discussions plus de sang-froid et moins d'acrimonie. Malheureusement la presse catholique, pourquoi ne pas le dire ? dans la lutte quotidienne, au lieu de réserver contre l'ennemi commun de la religion, tous ses coups, dépense souvent la meilleure partie de ses forces à tirer dans les jambes des catholiques, et parfois des meilleurs catholiques. Cette lutte fratricide ne peut être que funeste aux intérêts de l'Église.

A ce sujet, il importe de signaler ici une équivoque nuisible. Il y a des publicistes catholiques qui ne savent pas, ou qui ne veulent pas distinguer du *libéralisme doctrinal*, condamné par l'Église, le *libéralisme de tempérament*, ou *l'esprit de tolérance* dans la pratique de la vie. Tolérance qui, loin d'être condamnée par l'Église, est au contraire absolument conforme à la sagesse de sa conduite dans la direction des âmes et le gouvernement des peuples.

Pour bien caractériser cet esprit de tolérance et l'opposer à l'esprit d'intolérance, il importe de les voir à l'œuvre.

Ainsi, par exemple, il y a des catholiques qui admettent la bonne foi partout où elle existe, même chez ceux qui ne partagent pas leurs croyances : ce sont des libéraux de tempérament, ou des esprits tolérants ; il y a, au contraire, des catholiques qui ne veulent pas admettre cette bonne foi : ce sont des intransigeants de caractère, ou des intolérants. Il y a des catholiques qui reconnaissent volontiers, même chez les adversaires de leurs croyances, le bien, l'honnête, partout où ils se trouvent : ce sont des libéraux ; il y a, au contraire, des catholiques qui ne trouvent rien de bien chez les adversaires de leurs croyances, et qui condamnent tout en bloc : ce sont des intransigeants. Il y a des catholiques tolérants, charitables, vis-à-vis de ceux dont la croyance est chancelante, et dont la foi menace de s'éteindre ;

ils sont vraiment, ceux-là, les disciples du Sauveur, dont le prophète avait dit : « Il n'achèvera pas le roseau à demi brisé, et n'éteindra pas la mèche qui fume encore [1] » : il y a, au contraire, des catholiques qui n'ont sur les lèvres contre les incroyants, ou contre ceux dont la foi est douteuse, que des anathèmes ; ce sont les descendants de ces disciples dont le Sauveur blâmait l'esprit d'intolérance, parce qu'ils le conjuraient de faire tomber, sur une ville inhospitalière, le feu du ciel [2]. Ce sont des intolérants.

Tandis que ces intolérants rendent la religion impopulaire, les tolérants, au contraire, la font aimer ; ils en aplanissent les abords, pour en faciliter l'accès. A l'exemple de l'Église, ils combattent l'erreur et flétrissent le mal, mais ils sont indulgents pour les égarés. Et partout où ils rencontrent la vérité, le bien, ils les glorifient et les encouragent.

Or, il y a des publicistes catholiques, des théologiens journalistes, qui passent leur vie à chercher la paille dans l'œil de leur voisin, aveuglés qu'ils sont par la poutre qu'ils ont dans le leur. Chaque jour, dans les luttes de la presse, ils partent en guerre, sans faire, au préalable la moindre distinction, contre les libéraux, quels qu'ils soient, con-

1. Saint Matthieu, ch. xii.
2. Saint Luc, ch. ix.

damnables ou non. Doués d'une acuité de regard
sans égale, ils en découvrent partout, jusque sous la
tiare. Malgré soi, on songe à Don Quichotte, lorsqu'on les voit partir en guerre pour enfoncer la
plupart du temps des portes ouvertes. Fougueux
pourfendeurs du libéralisme aux abois, chaque
jour ils l'écrasent, comme autrefois, dans certain
journal, chaque matin, on étranglait la *Gueuse*.

Hélas ! ils ne réussissent qu'à semer la division
parmi les catholiques. Dans les journaux catholiques, ils posent en docteurs. Ils ne prétendent pas
encore sans doute à l'infaillibilité ; mais ils se
donnent, en quelque sorte, comme les théologiens
officiels ou officieux de l'Église. On dirait qu'ils
aspirent à diriger le clergé catholique. Mais qu'ils
ne se fassent pas d'illusion ! le clergé français fait
sa théologie, non pas dans les journaux, mais dans
les revues ou dans les traités de théologie publiés
par des théologiens autorisés.

Certes, c'est avec la plus grande déférence que
le clergé français et les catholiques de France
reçoivent les directions pontificales ; mais ils
n'aiment pas à les recevoir des journaux. Ils préfèrent, et avec raison, les recevoir de leurs évêques,
qui sont, à leurs yeux, les premiers interprètes autorisés de la doctrine de l'Église.

D'ailleurs, quel que puisse être le mérite personnel
de ces journalistes théologiens, ou de ces théologiens

journalistes, quelle est, dans la circonstance, leur autorité ? Ah! si c'étaient des professeurs de nos universités catholiques, qui comptent tant d'hommes distingués, vraiment autorisés, en pareil cas, à parler ou à écrire, à la bonne heure! Mais souvent ce sont des théologiens improvisés, des ecclésiastiques vivant en marge du clergé paroissial, ou des religieux, qui préfèrent à la solitude de leur cellule le grand air de la vie publique et militante du journal.

Il est vrai qu'ils ont peut-être parfois la noble ambition de sauver la France ; et s'ils ne sauvent pas la France, qui, Dieu merci ! n'étant pas perdue, n'a pas besoin d'être sauvée, du moins, pendant ce temps-là, ils ne troublent pas, passez-moi l'expression, par leur *politico-manie,* la paix de leur communauté. Ce qui est déjà un avantage.

Sans doute, également, ils sont bien libres de se choisir le genre de vie qui leur convient. Du reste, il y a de nombreux ecclésiastiques, prêtres séculiers ou religieux, vivant hors des cadres du clergé paroissial ou des murs de leur cloître, qui n'en exercent pas moins pour cela un ministère fécond. Qu'ils consacrent par exemple leur temps aux œuvres sociales, ou qu'ils mettent leur plume et leur parole au service de la science et de l'Église, ils font de leur liberté l'usage le plus utile et le plus estimable. Nous avons besoin, dans l'enseignement, de professeurs distingués, et dans l'apologétique, d'apologistes érudits et éloquents. Dieu merci ! nous en avons de remarquables. Pour ces travaux, évidemment, il faut des loisirs.

Mais que des théologiens journalistes, embusqués derrière un journal, emploient leur loisir à tirer sur leurs frères, sur les ecclésiastiques, simples prêtres ou évêques, sur les catholiques qui ont le malheur de ne pas penser comme eux, et cela, sans égard pour le talent, ni pour l'honorabilité des positions, ni pour les services rendus à l'Église et à la France par des hommes qui sont l'honneur de la religion et de la patrie : voilà ce qui est désastreux pour l'Église de France.

Plus papistes que le pape, plus romains que les romains eux-mêmes, ils morigènent nos évêques ; ils traitent de *libéraux*, et aujourd'hui de *modernistes*, tous ceux qui n'ont pas l'avantage de leur plaire ou de penser comme eux. Ils me rappellent l'époque où parut le retentissant ouvrage de Drumont : *La France juive*. Le célèbre polémiste y disait, je crois, que les Juifs avaient le nez crochu. Dès lors, on ne parlait plus que de nez crochus ; on voyait partout des nez crochus, et donc, partout, des juifs.

Aujourd'hui, avec le *modernisme*, c'est un peu la même chose ; il y a des gens qui voient partout des modernistes.

Vraiment, si quelque chose pouvait éloigner de

Rome les catholiques français, fidèles au pape et à leurs évêques, ce serait ces querelles byzantines, ces discussions acrimonieuses, qui indisposent tous les Français au cœur droit et franc.

Théologiens journalistes, vous qui brûlez d'ardeur pour la lutte, ne dépensez donc pas inutilement, que dis-je ? *nuisiblement*, votre poudre de guerre. Faites un meilleur usage de vos armes ; réservez vos coups pour meilleure occasion ; nous n'avons pas trop de toutes nos forces pour lutter contre l'ennemi commun de l'Église.

Songez que les ennemis de la religion vous observent, qu'ils se réjouissent de vos luttes fratricides, et qu'ils marquent avec joie tous les coups. Si, en face de l'envahisseur, la guerre civile est la plus criminelle des guerres, en face des ennemis de la religion, la lutte entre catholiques est la plus funeste des luttes.

Pour lutter avantageusement contre la presse antireligieuse, il faut que les journalistes catholiques, au lieu de s'entre-déchirer, s'entendent pour faire bloc contre l'ennemi commun ; il faut aussi favoriser, développer autant que possible la presse religieuse.

*
* *

La politique.

Enfin, pour refaire la mentalité religieuse de la France, il faut faire de *bonne politique*.

Depuis la séparation des Églises et de l'État, Rome, sans aucun doute, peut communiquer plus facilement avec les catholiques de France. C'est un avantage. Mais cet avantage compense-t-il pour l'Église les inconvénients de la séparation ? Je ne le crois pas. Il me semble, au contraire, qu'un *modus vivendi*, entre Rome et la France, serait préférable pour la République et pour l'Église. En tout cas, pour espérer ce *modus vivendi*, je crois qu'il faut attendre des élections plus catholiques, ou, simplement, plus libérales ; car je ne crois pas qu'à l'heure actuelle le gouvernement, le voulût-il, pût trouver dans les Chambres françaises une majorité pour l'accepter.

Le secret de l'avenir, pour l'Église de France, est dans les élections futures. Ces élections, les catholiques ont le devoir de travailler à les rendre meilleures que par le passé. Dans ce but, ils doivent tout entreprendre et ne rien négliger. Mais doivent-ils, comme quelques-uns le recommandent, s'organiser en parti exclusivement catholique, et réclamer aussitôt le maximum de leurs revendications ? ou bien, comme d'autres beaucoup plus nombreux le soutiennent, vaut-il mieux ouvrir leurs rangs à tous les honnêtes gens, quels qu'ils soient, qui promettront simplement, mais sincèrement, de revendiquer les libertés religieuses essentielles, telles que la liberté de conscience et la liberté de l'enseignement ?

Je crois que pour les catholiques, pour les vrais catholiques, c'est-à-dire pour les catholiques pratiquants, vu leur petit nombre, qui les condamnerait à l'impuissance s'ils voulaient trop étroitement fermer leurs rangs, et former un parti exclusivement catholique, il est préférable, dans la circonstance, d'ouvrir leurs rangs à tous les honnêtes gens, et de s'entendre avec eux pour un *minimum* de revendications indispensables. Du reste, cette union était recommandée par Léon XIII, qui demandait aux catholiques de « collaborer avec tous les honnêtes gens ». Et, tout récemment encore, elle était préconisée par d'éminents évêques français.

Mais voilà, c'est que, parmi les catholiques, il en est qui ne veulent pas entendre parler de République, tandis qu'au contraire parmi les honnêtes gens, sans épithète, il en est beaucoup qui veulent conserver la République. Alors les catholiques monarchistes hésitent à s'unir à ces honnêtes républicains, soit qu'ils s'imaginent que, sous une répu-

blique, de meilleures élections ne sauraient amé-
liorer la situation religieuse, soit qu'ils craignent que
des élections, sous de pareils auspices, aient pour
résultat de consolider la République : ce qu'ils
ne veulent à aucun prix.

*
* *

L'avenir : République ou Monarchie ?

Quoi qu'il en soit de l'avenir, je crois que, pour
le moment, il est inutile de songer à une Monarchie.
Ce qu'il y a de mieux à faire, à mon humble avis,
c'est de travailler à christianiser notre République.
Sous une bonne République, la liberté religieuse
peut parfaitement exister. Nous en avons, dans la
grande République américaine, un exemple remar-
quable. Du reste l'Église, au cours de son histoire,
a montré qu'elle savait s'accommoder de toutes les
formes de gouvernements.

Avant tout, nous devons désirer la forme de gouvernement qui répond le mieux aux aspirations de
la nation, et qui est la plus capable d'assurer la
grandeur et la prospérité de la France. Or, quelle
est cette forme de gouvernement ? En théorie, on
peut discuter. La Monarchie, sans aucun doute, a
fait dans le passé la grandeur et la prospérité de la
France. Mais le passé n'est pas le présent ; et les

aspirations des Français d'aujourd'hui ne sont plus celles des Français d'autrefois.

Du reste, quelle que soit en théorie, de la République ou de la Monarchie, la meilleure forme de gouvernement, cette discussion, à l'heure actuelle, me paraît sans importance. Aujourd'hui, en effet, la Monarchie en France me semble impossible. Je crois au contraire que le vent, plus que jamais, est à la République, non seulement en France, mais en Europe, en particulier dans l'Europe occidentale.

Voici, en effet, le Portugal, qui est en République. A ce sujet, je lisais dernièrement, dans un journal religieux, que la proclamation de la République portugaise « était un signe avant-coureur de la fin du monde ». Et c'est avec de pareilles billevesées que trop souvent on fausse la mentalité des catholiques, et qu'on fait rire les ennemis de la religion. C'est de la puérilité.

D'ailleurs, je crois que toutes les nations européennes, un peu plus tôt, un peu plus tard, sont appelées à goûter de la République. Et alors même que toutes les nations européennes seraient en République, j'ai beau fouiller l'horizon, je n'y découvre pas davantage les signes avant-coureurs de la fin du monde.

En attendant, la République française me paraît aujourd'hui solidement assise, du moins en face de la Monarchie. Si elle doit tomber, elle tombera par ses propres fautes. Je n'ai jamais oublié cette parole de Montesquieu : « Si la République est la forme de gouvernement qui donne le plus de liberté, c'est aussi la forme de gouvernement qui demande le plus de vertu. » Autrement la liberté dégénère en licence, et la licence engendre l'anarchie. A son tour, l'anarchie enfante la dictature, et la dictature conduit au despotisme.

Hélas ! depuis longtemps déjà la liberté a dégénéré en licence ; et aujourd'hui la licence est en mal d'anarchie.

A cela rien d'étonnant. On a voulu supprimer Dieu ! on veut détruire la religion ! Or Dieu est la clef de voûte de l'édifice social ; la religion est le fondement de la société ; sans religion, pas de société possible. Dieu supprimé, la religion détruite, c'est la morale qui s'effondre, c'est la conscience publique qui se dissout ; et le relâchement de la conscience publique, c'est le désordre, c'est l'anarchie. Nous en faisons l'expérience.

Il est temps de faire machine en arrière. Aujourd'hui, pour la République, le péril menaçant, ce n'est pas la Monarchie, c'est l'anarchie. La révolution en perspective n'est pas une simple révolution politique, c'est une révolution plus profonde, la révolution sociale. Il ne s'agit plus aujourd'hui d'être pour ou contre la République, pour ou contre la Monarchie ; il s'agit d'être pour ou contre l'ordre social. Sur ce terrain, tous les gens de bien doivent faire trêve à leurs querelles politiques, et s'unir pour consolider l'ordre social.

Or, pour consolider l'ordre social, il faut commencer par mettre à la base : la religion ; il faut refaire la mentalité religieuse de la France. Sans doute le mal actuel est grand ; cependant il ne faudrait pas, comme certaines feuilles publiques, l'exagérer à outrance. Ainsi on lisait dernièrement dans une feuille publique soi-disant étrangère, que la France était en pleine décadence, et que Paris, sa capitale, était le foyer de toutes les corruptions et de toutes les anarchies. C'est tout simplement monstrueux. Je ne puis croire que ce soient des Français qui parlent ainsi de leur patrie ; en tout cas, ce ne sont pas de vrais Français.

Non, Dieu merci ! la France n'est pas tombée aussi bas. S'il y a du mal, il y a encore beaucoup plus de bien. Que dis-je ? la France est toujours à la tête de la civilisation ; elle est toujours la nation des initiatives hardies, des conquêtes scientifiques, la patrie des arts et du goût, le pays des généreux apostolats. D'elle on peut toujours dire qu'elle est *le missionnaire de Dieu*. Les nations étrangères elles-mêmes sont obligées de le reconnaître.

Nous pouvons donc sans crainte envisager l'avenir.

La grande bataille de l'heure actuelle, c'est la bataille des idées. Jamais peut-être le monde n'avait remué autant d'idées. En effet, tous les peuples ont soif de progrès. Et cette soif est surexcitée chaque jour par les découvertes scientifiques, par les merveilles de l'industrie, qui centuplent les forces de l'homme. Il se fait donc en ce moment chez les différents peuples, dans le domaine des idées, un puissant travail de fermentation, qui nous rappelle par certains côtés la fermentation de la Renaissance.

De cette fermentation, que sortira-t-il ? Il peut en sortir quelque chose de grand, si les ardentes aspirations des générations contemporaines vers le progrès sont bien dirigées.

*
* *

L'action de l'Église.

Dans la circonstance, l'Église, fidèle à sa mission de sage et providentielle éducatrice des peuples, peut exercer une action féconde. Elle ne méconnaît pas le mouvement qui emporte les sociétés modernes, et ne cherche pas à le comprimer ; non, elle ne se suspend pas, comme on l'a quelquefois représentée, aux basques des sociétés modernes, pour les arrêter dans leur marche ; mais plutôt elle les accompagne, pour éclairer et féconder leurs mouvements.

Or, cette mission de l'Église est aujourd'hui plus nécessaire que jamais. Pourquoi ? parce que la mentalité religieuse contemporaine traverse une crise profonde. « Aujourd'hui, en effet, les générations contemporaines ont besoin de voir, de toucher, de saisir, de comprendre. C'est un réveil du : *nisi videro, non credam*. On voudrait transporter dans le domaine de la foi les procédés rigoureux de nos méthodes scientifiques. On demande la preuve, et comme la preuve paraît insuffisante, beaucoup d'esprits se réfugient dans un respectueux agnosticisme. Ajoutons que les prodigieuses découvertes de notre temps ont fasciné nombre d'esprits, qui entonnent des hymnes en l'honneur de la science » [1].

Il y a là pour les peuples modernes, et en particulier pour la France, une mentalité religieuse nouvelle, particulièrement délicate.

Sans doute, en matière religieuse, aux peuples contemporains, parvenus à la maturité, il faut, comme à l'homme sorti de l'enfance, et arrivé à l'âge mûr, des preuves qui parlent davantage à sa raison. Néanmoins il faut bien se garder, lorsqu'il s'agit de religion de négliger les lumières de la tradition et le magistère de l'Église.

---

1. Mgr Mignot, archevêque d'Albi.

*
* *

Le modernisme. Une mise au point.

C'est pour avoir négligé ces garanties de leur foi que certains esprits, trop exclusivement avides de démonstration scientifique, ont glissé, de nos jours, dans les erreurs condamnées sous le nom de *modernisme*.

Dans la circonstance, d'aucuns crièrent à l'obscurantisme, et prétendirent que l'Église condamnait le progrès. Inutile de dire qu'il n'y a rien de plus faux. Mais, comme toujours en pareil cas, il y eut de l'affolement dans certains esprits, et des exagérations dans les camps opposés. Chacun voulait y voir la condamnation de son voisin. C'est alors que, pour calmer l'affolement, pour répondre à des désirs légitimes, et faire cesser, du moins autour de moi, les exagérations, je crus devoir, du haut de la chaire sacrée, mettre les choses au point.

Qu'on me permette de rappeler ici ce que je disais alors... C'était au lendemain de la condamnation du *modernisme*, le 10 novembre 1907.

« Pour mettre les choses au point, je vais dire ce que le Pape, sous le nom de *modernisme*, a condamné, et ce qu'il n'a pas condamné. Et d'abord, qu'est-ce que le *modernisme* que le Pape condamne dans son encyclique ? Est-ce la civilisation moderne avec ses richesses matérielles, avec ses découvertes scientifiques et leur merveilleuse application aux arts et à l'industrie ? Évidemment non. Est-ce la civilisation intellectuelle et morale ? Pas davantage. Est-ce le progrès des lumières ? Non, certes. Le modernisme qui est condamné, c'est l'ensemble des erreurs religieuses contemporaines. C'est par exemple, en religion, l'*agnosticisme*, l'*immanentisme* et l'*évolutionnisme dogmatique*.

« Un mot est nécessaire pour caractériser chacune de ces erreurs.

« L'agnosticisme, en religion, est le système qui prétend que la raison humaine ne peut connaître que ce qui tombe sous les sens, c'est-à-dire les phénomènes et les faits, et qu'elle est incapable, même en s'appuyant sur les phénomènes et les faits, de s'élever par le raisonnement jusqu'à la connaissance de Dieu. Cette erreur n'est pas nouvelle ; nous la trouvons dans la philosophie de Kant [1]. Voilà pourquoi on dit qu'elle est une conséquence du kantisme. Et même, si nous remontons à l'origine du christianisme, nous voyons qu'elle existait déjà, puisque saint Paul l'a condamnée. Le Pape, à son tour, a donc eu raison de la condamner,

---

1. Célèbre philosophe allemand de la seconde moitié du xviiie siècle.

puisqu'elle conduit à l'athéisme, et par là même, à la destruction de toute religion.

« L'*immanentisme*, mot barbare, désigne l'erreur moderne qui prétend que chaque individu tire de son propre fonds, de ses instincts, de ses besoins, sa religion. Dans ce système, chaque individu est libre de déterminer lui-même ses rapports avec Dieu, de façonner lui-même, suivant ses appétits et ses désirs, sa religion personnelle. Au fond, c'est le principe du libre examen opposé à l'autorité du témoignage. Voilà pourquoi l'*immanentisme* fausse la Révélation basée sur le témoignage, détruit la tradition — puisque la tradition est une suite non interrompue de témoignages — et renverse le principe fondamental de l'enseignement. En effet, l'enseignement exige avant tout la confiance dans le témoignage d'autrui, la foi ou la croyance à la parole de ceux qui enseignent. En résumé, l'*immanentisme* suppose une religion *libre*, la libre appréciation des dogmes et des pratiques religieuses, la libre interprétation des saintes Écritures, la libre opposition à l'action de l'Eglise, à sa nature et à ses droits. En un mot, c'est la destruction du catholicisme, et même du christianisme.

« Enfin, l'*évolutionnisme* dogmatique est l'erreur religieuse qui prétend que les dogmes sont le produit de l'évolution de la conscience, c'est-à-dire subissent avec le temps des variations ou des modi-

fications, plus ou moins profondes, plus ou moins
essentielles. Tel est l'*évolutionnisme* condamné par
l'encyclique.

« Sans doute, il y a une évolution des dogmes, en
ce sens que les dogmes avec le temps se précisent,
et que l'intelligence humaine en tire des conséquences de plus en plus fécondes, des applica-
tions qui s'adaptent dans le cours des siècles aux
besoins des âmes. Or, cettte évolution est parfaitement légitime, car, dans cette évolution la vérité
dogmatique ne change pas ; autrement, ce ne serait
pas la vérité, car la vérité, de sa nature, est immuable ; elle est immuable comme Dieu lui-même.

« Telles sont, brièvement exposées, les erreurs
condamnées dans l'encyclique sur le *Modernisme*.

« D'après ce rapide exposé, il est facile de voir que
le Pape a eu raison d'intervenir pour condamner,
sous le nom de *modernisme*, non pas une simple
erreur, non pas une hérésie particulière, mais un
système formidable, qui s'attaque aux bases elles-
mêmes du christianisme ; que dis-je ? qui conduit à
la destruction de toute religion, parce qu'il aboutit
à l'athéisme.

« Dès lors il n'est pas vrai de dire, comme quelques-uns le prétendent, que le Pape a condamné
les progrès de la pensée humaine. Il n'a fait
qu'en condamner les écarts. Si le Pape demande
qu'on revienne à la philosophie du moyen âge, ce

n'est pas pour qu'on s'y renferme, comme dans une geôle, mais pour qu'on profite de ses lumières ; si le Pape demande qu'on remonte à la philosophie de saint Thomas, c'est parce que cette philosophie résume ce qu'il y a de meilleur dans la doctrine des plus célèbres philosophes de l'antiquité. D'ailleurs, ce n'est pas pour qu'on s'y arrête, comme à une borne, mais pour qu'on s'inspire de ses principes sains et féconds, afin de pouvoir avancer avec plus de sécurité, dans les sublimes mais périlleuses régions de la pensée humaine. Non, le Pape n'interdit pas de s'initier aux questions qui passionnent nos contemporains, il veut au contraire qu'on puisse s'assimiler toute la part de vérité, tous les trésors d'observation, que contiennent les travaux modernes.

« Loin de combattre la raison humaine, l'encyclique sur le modernisme la protège. Car, il faut bien l'avouer, depuis quelque temps, la raison humaine, du moins la raison philosophique, avait subi des déviations pernicieuses, qui tournaient à son détriment, arrêtaient ses progrès, et même paralysaient son énergie.

« Voilà pourquoi Pie X, non moins soucieux de sauver la raison que de préserver la foi, dit aux philosophes catholiques : Revenez en arrière, remontez au point où la déviation a commencé, prenez dans les travaux du passé un point de départ qui soit très sûr, et de là frayez-vous une voie,

droite et ferme, à travers les données encore si con-
fuses de la philosophie moderne.

« En résumé, étudier tout ensemble le passé et le
présent ; le *passé*, pour les leçons de sagesse qu'il
nous donne ; le *présent*, d'abord parce que nous ne
pouvons pas vivre hors de lui, et puis, parce qu'il
contient des trésors que doit s'assimiler, pour se
rajeunir, notre vieil organisme : voilà ce que recommande, comme remède aux erreurs modernes,
l'encyclique sur le modernisme.

« Il n'est donc pas vrai de dire que le Pape fait
reculer de sept cents ans la pensée humaine. D'ailleurs, le voulût-il, qu'il ne le pourrait pas. En effet,
la pensée humaine, malgré les obstacles, avance
toujours. Sans doute, dans sa marche, sur un point
ou sur un autre, à tel ou tel moment de la durée,
il peut y avoir un temps d'arrêt, et même de recul,
mais, dans l'ensemble de son évolution, il y a progrès indéfini, car, malgré la diversité des individus,
il y a une raison humaine, en quelque sorte toujours *une* à travers les âges ; il y a une raison humaine qui va sans cesse se développant, une raison
humaine « qui représente, dit Pascal, toute la suite
des hommes, une raison humaine qui subsiste toujours et qui apprend toujours ».

« Or, l'Église est le centre de gravité qui préserve
des écarts, dans sa marche progressive, la raison
humaine.

« Voilà pourquoi l'encyclique sur le modernisme doit apparaître aux vrais catholiques comme une sauvegarde, et non comme une menace, comme un bouclier qui protège, et non comme un fardeau qui écrase. »

Voilà ce que je disais il y a trois ans. Et aujourd'hui je le redis encore : oui, les peuples, et en particulier la France, dans leurs aspirations vers la lumière, n'ont rien à craindre de l'Église, mais, au contraire, tout à espérer de sa sauvegarde.

D'ailleurs, cet *idéal* : toujours plus de lumière, plus de vraie liberté, plus de justice et plus de fraternité, c'est l'idéal même du christianisme. C'est avec cet idéal qu'il a conquis les peuples. Malheureusement, au cours des siècles, il est arrivé que cet idéal a été obscurci par le masque de la politique. Et c'est ce qui a détourné de lui les peuples qui l'ont méconnu.

Voilà pourquoi je conclus : pour refaire *la mentalité religieuse* de la France, il importe plus que jamais de montrer au peuple que l'esprit de Jésus-Christ, et par conséquent du christianisme, répond à ses aspirations ; et que, seul, le christianisme peut les réaliser en les préservant de l'erreur. Le jour où les peuples seront convaincus que les défenseurs de l'Eglise sont aussi de vrais défenseurs de la vérité, de la justice et de la fraternité ; le jour où ils s'apercevront qu'ils ne peuvent pas, en dehors du christianisme, réaliser leurs aspirations, ce jour-là ils reviendront à l'Église.

C'est dans ce but que doivent travailler les amis de l'Église ; ce sera le meilleur moyen de rendre à la France sa mentalité religieuse. Du reste, c'était le but de Léon XIII, lorsqu'il recommandait *d'aller au peuple*, et de lui prouver par des actes que l'Église, loin d'être indifférente à ses aspirations, avait au contraire le souci de prendre en mains ses véritables intérêts. C'est aussi le désir de Pie X, lorsqu'il recommande de christianiser la démocratie : *Instaurare omnia in Christo*.

Mais, pour cette œuvre importante, délicate, il faut du doigté. Sous prétexte de corriger les erreurs inséparables de l'histoire humaine, parce qu'il y a, dans les aspirations modernes, des éléments à réformer, il ne faut pas avoir l'air de condamner en bloc toutes ces aspirations. Il y a des ouvriers maladroits, qui prêtent à l'Eglise les défauts de leur esprit ou les intransigeances de leur caractère, et qui compromettent ainsi la mission de l'Église. Ils éloignent d'elle les peuples, qui la prennent alors pour une ennemie du progrès.

Qu'on fasse cesser ce malentendu ! Qu'on montre au peuple la vraie figure du Christ, le véritable esprit de l'Église ! Et alors la France, qui n'est certes pas antireligieuse, fera tôt ou tard avec l'Église un grand concordat, le Concordat de la Nation française.

*
* *

Confiance.

J'ai confiance dans l'avenir. Sans doute, la France n'a pas reçu la promesse de rester toujours chrétienne, toujours catholique. Néanmoins j'ai trop de confiance dans le génie chrétien de la France, dans la France de Clovis, de Charlemagne et de saint Louis, dans la France de Jeanne d'Arc, dans le rôle providentiel, à travers les siècles, de Celle qui a été appelée à si juste titre : *la Fille aînée de l'Église*, pour croire qu'elle puisse être un jour infidèle à ses traditions catholiques.

O France ! ô ma patrie ! tu es la patrie de l'idéal, la reine de la civilisation, l'apôtre du Christ. C'est en vain que dans ta marche vers l'avenir, quelques-uns de tes enfants, dans leur ingratitude pour leur mère, jettent sur ton manteau de gloire, parce que la poussière des siècles y a semé des taches, la bave de leurs injures impuissantes. Des taches ! Mais, sous le soleil, où n'y en a-t-il pas ? D'ailleurs, le soleil lui-même a des taches ; et cependant ces taches ne l'empêchent pas d'éclairer et de féconder la terre.

O France ! tes enfants ont le droit et le devoir d'être fiers de toi.

Sous la garde de Dieu, dans la lumière du Christ, poursuis vers l'avenir ta marche féconde, les yeux fixés vers l'idéal de la Vérité, de la Liberté dans la vérité, dans la justice et la fraternité !

TABLE DES MATIÈRES

Poitiers. — Société française d'imprimerie.